Hartmut Frentz

Schreibentwicklung und Identitätsfindung

Ein Beitrag zu einer kompetenzorientierten Schreibdidaktik

Cuvillier Verlag Göttingen
Internationaler wissenschaftlicher Fachverlag

Bibliografische Information der Deutschen Nationalbibliothek
Die Deutsche Nationalbibliothek verzeichnet diese Publikation in der Deutschen Nationalbibliografie; detaillierte bibliografische Daten sind im Internet über http://dnb.d-nb.de abrufbar.
1. Aufl. - Göttingen : Cuvillier, 2010

978-3-86955-542-3

Nonnenstieg 8, 37075 Göttingen
Telefon: 0551-54724-0
Telefax: 0551-54724-21
www.cuvillier.de

1. Auflage, 2010
Gedruckt auf säurefreiem Papier

978-3-86955-542-3

Inhaltsverzeichnis

Vorwort

„*Man schreibt, um seine Gedanken in die richtigen Bahnen zu lenken*“ (Flusser 1992 : 10).

Mit dieser Aussage verweist der Kommunikations- und Medienphilosoph Vilém Flusser auf eine wichtige Funktion des Schreibens, die man aus kognitionspsychologischer Sicht als die ‚epistemisch-heuristische' attribuiert. Hiernach verhilft die Schreibtätigkeit dem Schreibenden durch die externe Speicherung seiner Gedanken nicht nur zur Entlastung seines Gedächtnisses und seiner Psyche, sondern darüber hinaus zu neuen Resultaten seines (schreibenden) Denkens. Solche Schreib- und Denkresultate können sich auf das Umfeld des Schreibenden, aber auch auf ihn selbst beziehen. Im letztgenannten Gelingensfall einer selbstreflexiven Auseinandersetzung des schreibenden Subjekts mit sich selbst besteht die erhöhte Chance zu dessen Selbstbestimmung und Selbsterkenntnis. Heranwachsenden diese Chance zu geben oder die Nutzung einer solchen zu organisieren dürfte aus pädagogisch-didaktischer Sicht von großem Nutzen für die Persönlichkeitsbildung sein. Schreiben hat damit auch die potenzielle Eigenschaft, die Identitätsfindung des Schreibenden zu unterstützen.
Aus diesem Begründungszusammenhang heraus erwächst unser Versuch, unter schreibdidaktischer Perspektive sowohl einen Beitrag zur Verifizierung der These von der Identitätsfindung durch Schreiben zu leisten, als auch der Praxis des Schreibunterrichts Anregungen zu dementsprechenden Schreibhandlungen zu vermitteln.
Dazu bedarf es zunächst der Auseinandersetzung mit Begriffen und Konzepten, die die aktuelle Schreibdidaktik bestimmen, um dann ein Schreibentwicklungskonzept zu offerieren, das bei Lernenden, speziell bei Schülerinnen und Schülern auf den Sekundarstufen, sowohl die Schreibkompetenz befördert als auch die Identitätsfindung unterstützt. Dieses Konzept wird thematisch auf den adoleszenzrelevanten Bereich der Berufsorientierung und –findung ausgerichtet und exemplarisch im Rahmen eines im Deutschunterricht der Klassen 8 und 9 angesiedelten Schreibprojektes erprobt.
Im Mittelpunkt der theoriebezogenen Untersuchung stehen die sprach- bzw. schreibdidaktischen Aspekte des Titelthemas. Diese werden ergänzt durch literaturdidaktische Ansätze. Mein Dank gilt Frau Dr. Ute Frey für ihre Gedanken bezüglich möglicher Entwicklungskoordinaten zwischen literarischer Schreibkompetenz und Identität (Kap. 2.6. und 3.1.).
Den organisatorischen Rahmen für die schreibdidaktische Intervention bot das Fachdidaktische Praktikum im Magister-Lehramtsstudium Deutsch an Regelschulen als Teil des Lehrangebots der Germanistischen Sprach- und Literaturdidaktik an der Universität Erfurt. Für ihr Engagement bei der Vorbereitung und Durchführung dieses Projektes danke ich den Mitarbeiterinnen Dr. Ute Frey, Dr. Edith Sonntag und Frau Heike Sänger. Frau Hendrikje Schulze sei gedankt für die inhaltliche und technische Gestaltung der für den Projektversuch erforderlichen Materialien.
Ich hoffe, dass dieses Handbuch Schreiblehrende und Schreiblernende gleichermaßen anregt, lesend und schreibend ihre „Gedanken in die richtigen Bahnen zu lenken“ (ebenda).

Erfurt, im Oktober 2010 Hartmut Frentz

1. Einleitung

Eine Befragung von Sekundarstufenschülerinnen und –schülern bezüglich der Bedeutung und Funktion ihrer persönlichen Schreibtätigkeit führte unter anderem zu zwei Antworten, die kaum unterschiedlicher ausfallen konnten:

Corinna (15 Jahre) schrieb:
„Schreiben ist für mich wie ein Ventil. Es hilft mir, mich von meinen Sorgen zu befreien. Aber nicht nur das. Ich werde mir über meine Gedanken, Gefühle und Wünsche klarer. Außerdem macht es mir viel Spaß!"
Sven (14 Jahre) formulierte:
„Schreiben ist für mich Zwang. Ich schreibe nur, wenn ich das muss. Das gibt mir nichts. Warum das so ist, weiß ich nicht."

Bei einer näheren Betrachtung der Umstände, die zu diesen Antworten führten, zeigte sich, dass Corinna nicht nur über bessere Schreibleistungen im Deutschunterricht verfügt, sondern auch über eine prinzipielle Freude am Schreiben. Auf weitere Fragen zu ihrer Schreiberbiografie antwortete sie relativ umfangreich. Sie erinnert sich gern an ihre ersten Schreiberlebnisse: Es ging um Kartengrüße aus den Ferien, die sie ihrer Oma schon vor der Einschulung zukommen ließ. Sie schreibt sehr oft, auch außerhalb von Schule. Gedichte und kurze Erzählungen sind ihre Domäne. Aufsatznoten unterhalb des „Sehr gut" gibt es nicht.
Aus dem Kontext der Antwort von Sven wurde das Gegenteil deutlich: Er hat weit reichende Schwierigkeiten im Textschreiben und Probleme beim Erkennen der Ursachen. Seine ersten Schreiberlebnisse hat Sven vergessen. Er weiß nur, dass ihm Schreiben noch nie Spaß bereitet hat. Schulisches Schreiben ist ihm eine Last. In seiner Freizeit meidet er die ungeliebte Tätigkeit und verbringt die meiste Zeit am Computer spielend und die Weiten des Internets erkundend. Seine Aufsätze waren und sind stets ein Desaster.

Dieses Beispiel steht nicht nur für die außerordentlich starke Differenziertheit schreibunterrichtlicher Voraussetzungen und Ergebnisse, es illustriert auch eine umfassende schreibdidaktische Fragestellung:

Wie kann es gelingen, Heranwachsenden eine solche Schreibmotivation und Schreibkompetenz zu vermitteln, die es ihnen ermöglicht, sich nicht nur im gesellschaftlichen Diskurs zu behaupten, sondern sich auch als Persönlichkeit selbst zu finden und zu entwickeln?

Das ist eine Fragestellung, die sich vorrangig auf die Qualität von Schreiblernprozessen bezieht und weniger auf Quantitäten reflektiert. Beispiele dieser Art sagen mehr aus als meist pauschalisierende Einschätzungen zum Stand unserer Schreibkultur, die sich oft zu stark auf Zahlen richten und wenig dazu angetan sind, den Blick für notwendige didaktische Interventionen zu schärfen: Einerseits beklagt man eine Schreibkrise, in der sich Deutschland befindet, und belegt mit beeindruckenden Zahlenangaben, dass sich die Schriftfähigkeit als Basis der Zivilisation schon hundert Jahre nach ihrer Durchsetzung wieder aufzulösen beginnt (vgl. von Werder / Schulte-Steinicke 2003 : 5). Andererseits preist man einen triumphalen Siegeszug von Schrift in einer Kultur, in der noch nie so viel geschrieben wurde wie heute, wobei man auf das rasante Wachstum moderner Schreibmedien (Mails, Blogs, SMS usw.)
verweist (vgl. Esterl 2007 : 5; Mattenklott 2007 : 11). Quantitativ geprägte Aussagen blenden Einschätzungen zur Kompetenz von Schreibenden weitgehend aus. Natürlich sind Schreibdidaktik und Schreibunterricht auch stark daran interessiert, Heranwachsende zu einer mög-

lichst hohen Zahl von Schreibereignissen zu motivieren, die Aktivitäten bleiben aber wirkungslos ohne die gezielte Ausbildung der dazu notwendigen Kompetenzen.
Gerade auf Letzterem liegt der Fokus unserer Untersuchung:
Es gilt zu klären, wie eine umfassende Schreibbefähigung sowohl zu entwickelten Textgestaltungsfähigkeiten als auch zur Identitätsbildung bei Lernenden auf den Sekundarstufen beitragen kann.
Impulse für unser Anliegen empfingen wir sowohl aus schreibdidaktischen als auch aus entwicklungspsychologischen Untersuchungen zu Schreibmotivationen und Schreibleistungen Heranwachsender einerseits sowie zu Identitätsfindungsprozessen und deren notwendigen Unterstützung in der Adoleszenz andererseits. Entsprechende Befunde vermitteln zwar kein empirisch gesichertes und umfassendes Bild über den aktuellen Stand der Schreibkompetenz- und Identitätsentwicklung von Lernenden in unserem Untersuchungsfeld, verweisen jedoch auf einzelne Probleme und deren Ursachenkomplexe:

- *Schreibmotivationen* verlieren im Laufe der Schulzeit an Wirkung. Während sich die Schreibnovizen begeistert jeder Schreibanforderung stellen, geht den Kindern und Jugendlichen, die sich mit zunehmendem Alter zu Schreibexperten entwickeln sollen, die Lust am Schreiben verloren, und zwar insbesondere dann, wenn das Schreiben mit Problemen verbunden ist. Nach wie vor kennen Schreibdidaktik und Schreibunterricht „zu wenig Mittel und Wege, um Kinder und Jugendliche dauerhaft an das Schreiben zu binden“ (Baurmann / Müller 1998 : 16).

- *Schreibkompetenz* wird nach der „weit verbreiteten Einschätzung“ im vorherrschenden Deutschunterricht „nicht hinreichend entwickelt“ (Becker-Mrotzek / Böttcher 2006 : 23). Lehrende im Fach Deutsch konstatieren bezüglich der Schlüsselqualifikationen Lesen, Schreiben und Sprechen „bei vielen Schülern eine insgesamt defizitäre Sprachkompetenz“ (Gessner / Kuhley 2006 : 27). Ausbildungsbetriebe wie Hochschulen beklagen gravierende Schreibdefizite bei den Absolventen aller Schulformen. Diese Defizite betreffen alle Systemebenen des schriftlichen Sprachgebrauchs. Offensichtlich handelt es sich hierbei um ein internationales Problem. Auch eine US-amerikanische Studie konstatiert rückläufige Schreibkompetenzen bei Jugendlichen und benennt sogleich die Hauptschuldige: die Schule:
  „There is a considerable concern that the majority of adolescents do not develop the competence in writing they need to be successful in school, the workplace, or their personal lives. A common explanation for why youngsters do not write well is that schools do not a good job of teaching this complex skill” (Graham / Perin 2007 : 445).

- Ein Verlust an *Schriftlichkeit* im gesamtgesellschaftlichen Kontext scheint neben den unzureichenden Schreibaktivitäten auf schulischer Ebene für den Verlust an Schreibkompetenz mitverantwortlich zu sein: Konzeptionelle Schriftlichkeit werde von den medialen Entwicklungen in der modernen Gesellschaft massiv bedroht. Eine Re-Oralisierung der geschriebenen Sprache und ein Verlust an Literalität führen zu einer „Sprache der Nähe“ als einer „tertiären Mündlichkeit“ (Enders 2007 : 2 f.). Unter solcher „tertiären Mündlichkeit“ wird eine medial schriftlich vermittelte, jedoch konzeptionelle Mündlichkeit in schriftlichen Kulturen verstanden, die aus dem Trend der Verschmelzung von Mündlichkeit und Schriftlichkeit hervorgeht (vgl. ebenda : 59). Hieraus resultiere eine Beliebigkeit und Orientierungslosigkeit, die die schulische „Erziehung des jungen Menschen zu einer umfassenden Schriftlichkeit“ (ebenda : 74) in Frage stellt. Damit werde nicht nur die Herausbildung von „Rationalität und Intellektualität“, sondern auch die „Identitätsentwicklung“ der Heranwachsenden behindert, die ja gerade auf der durch die Schriftsprache ermöglichten „reflektiven Distanz zu sich selbst" beruht (ebenda : 192).

Diese – empirisch relativ ungesicherten Aussagen – öffnen zumindest den Blick für die notwendige schreibdidaktische Qualifizierung schreibentwicklungsbezogener Lehr- und Lernprozesse. Sie verweisen aber auch auf die Potenzen dieser Prozesse für die Identitätsentwicklung Heranwachsender. Doch auf welche Forschungslage stoßen wir in diesem Kontext?

- Entwicklungspsychologische Erkenntnisse verweisen auf die Adoleszenz als entscheidenden Lebensabschnitt im Rahmen der Identitätsentwicklung. *Identität* ist als Lebensgeschichte aufzufassen, die zugleich über *erzählte Lebensgeschichte* zu erfassen ist (vgl. Habermas 2008 : 364). Damit rückt die sprachliche Tätigkeit des *Erzählens* auch in den Focus pädagogisch-didaktischen Interesses, denn durch das Erzählen von Lebensgeschichten werden „Zusammenhänge zwischen verschiedenen Erinnerungen und zwischen den Erinnerungen und der eigenen Person" (ebenda : 379) hergestellt, was letztlich zur Erarbeitung einer *entwickelten Identität* verhilft. Das Erzählen gehört damit auch zu den explorativen Aktivitäten, durch die Jugendliche persönliche Lebensziele und geeignete Handlungsstrategien erkunden. Dabei kommen als „Mechanismen der Selbstregulation" die Selbstbeobachtung, Selbstbewertung und Selbstreaktion zum Tragen (Wiese 2004 : 19). Diese selbstregulatorischen Mechanismen erlangen den Status von Kompetenzen, die „zusehends an Bedeutung gewinnen" (ebenda : 29).

- Ein wesentlicher Bereich der Identitätsentwicklung ist der *Beruf* (vgl. Abele 2004; Kracke 2004; Wiese 2004; Habermas 2008). Vor dem Hintergrund ihrer bisherigen Entwicklungsgeschichte setzen sich Jugendliche „Entwicklungsziele, die sie mithilfe entwicklungsregulativer Handlungen auf der Basis biologischer, gesellschaftlich institutioneller und normativer Rahmenbedingungen zu erreichen versuchen" (Kracke / Heckhausen 2008 : 498). In diesem Kontext antizipieren sie ihr *zukünftiges Selbst*, artikulieren ihre Wünsche, Hoffnungen und Befürchtungen, beurteilen ihre eigenen Kompetenzen und strukturieren ihren Weg zur Zielerreichung. Neben der beruflichen Orientierung setzen sich Jugendliche mit weiteren identitätsrelevanten Entwicklungsaufgaben auseinander. Als solche gelten der Aufbau eines Freundeskreises, das Akzeptieren der eigenen körperlichen Erscheinung, die Geschlechtsrollenentwicklung, die Ablösung von den Eltern, die Entwicklung von Vorstellungen über Partnerschaft und Familie sowie die Ausprägung einer eigenen Weltanschauung (vgl. ebenda : 503). Als besonders interessant erscheint in unserem Untersuchungskontext die neuere Auffassung der Identitätsforschung, wonach die Lösung solcher Entwicklungsaufgaben und damit die Erarbeitung einer Identität als *Problemlösungsprozess* anzusehen ist (vgl. ebenda : 510 ff.). Damit wird die kognitive Determinante der Identitätsfindung prononciert, was schließlich Bezüge zu analog strukturierbaren Lehr- und Lernprozessen – auch im Schreibunterricht – erlaubt.

- Die Identitätsentwicklung bei Heranwachsenden wird durch spezifische soziale Probleme belastet (vgl. Kracke 2004 : 35):
  Im zentralen Bereich der Berufsorientierung ist der Zugang zur Arbeitswelt durch den sich ständig wandelnden Arbeitsmarkt und die verringerte Zahl von Ausbildungsplätzen schwieriger geworden.
  Der rasche soziale Wandel lässt das Ziel der Erwachsenenwelt für die junge Generation immer unberechenbarer erscheinen, was zu einem Verlust an Zielklarheit führt.

Die Identifizierung mit Erwachsenenvorbildern wird dadurch erschwert, dass sich Werte in ihrer handlungsleitenden Funktion verändern. So gelingt es Heranwachsenden immer weniger, sich zwischen „Arbeits- und Lustorientierung" (ebenda : 41) zu entscheiden.
Aber auch die Erwachsenenwelt wird von Identitätskrisen nicht verschont:
„Wir sind uns unseres gesellschaftlichen Ortes und damit unserer selber nicht mehr sicher, weil immer schnellere Veränderungen uns jeder selbstverständlichen Verwurzelung berauben" (Wucherpfennig 2006 : 173).

- Die für die Identitätsarbeit notwendige Selbststeuerung und Selbstreflexivität bei Jugendlichen konstatiert man zwar als Entwicklungsziele, die entsprechenden Lehr- und Lernaktivitäten zur Erreichung dieser „intrapersonalen Kompetenzen" (Abele 2004 : 65) müssen nach unserem Ermessen jedoch forciert werden. Die Förderung von Selbstregulationskompetenzen sollte in sinnvoller und fächerübergreifender Weise erfolgen (vgl. ebenda : 86).

Somit hat auch das Fach Deutsch seinen Beitrag zur Identitätsbildung zu leisten.
Dass sich Deutschlehrende bereits mit dieser wichtigen Aufgabe identifizieren, belegt Kunze in einer *Studie zu individuellen didaktischen Theorien von Lehrerinnen und Lehrern*. Hiernach kristallisiert sich die *„Unterstützung der Heranwachsenden bei der Identitätsbildung"* (kursiv i.O.) als zentrales Ziel des Deutschunterrichts heraus (vgl. Kunze 2004 : 458). Über Konzepte, Methoden und Verfahren zur Erreichung dieser Zielstellung gibt es jedoch keine gesicherten Aussagen. Unser Versuch, unterrichtsbezogene Schreibaktivitäten konzeptuell und exemplarisch mit Prozessen der Identitätsentwicklung Jugendlicher zu verbinden, erhebt damit einen Neuheitsanspruch. Die Präferenz des *Schreibens* bedarf jedoch noch einer weiteren argumentativen Stützung.

Woraus resultiert die besondere Eignung des Schreibens für Identitätsentwicklungsprozesse?

Bei der Beantwortung dieser Frage gehen wir zunächst vom *Schreiben als Textschreiben* aus und grenzen uns vom motorischen Schreiben und vom normativen Schreiben (vgl. Ossner 2006 (a) : 98 f.) ab.
Es geht uns also um das *schriftliche Gestalten inhaltlich und sprachlich kohärenter Äußerungen mittels mentaler Prozesse und materieller Handlungen unter Beachtung normativer Aspekte.*
Das Schreiben in dieser Form weist gegenüber dem Sprechen Vorteile auf:

- Es stellt – im Vergleich zum Sprechen – eine intensivere und präzisere sprachliche Leistung dar, frei „vom Zwang ständigen Fortschreitens, dem jede Form des Sprechens unterliegt" (Eigler et al. 1990 : 67).
- Es steigert die Bewusstheit und schafft durch die „Entfernung vom natürlichen Milieu" Bewusstsein (Ong 1987 : 85).
- Es befördert in seiner epistemisch-heuristischen Funktion als Mittel und Medium des Denkens die Ausprägung kognitiver Prozesse (vgl. Beck / Hofen 1990; Fritzsche 1994; Ortner 2000).
- Es erlaubt eine Distanzierung von sich selbst sowie eine Selbstbeobachtung des eigenen Bewusstseins (vgl. Ortner 2000).

Gerade der letztgenannte Aspekt erlaubt eine Charakterisierung des Textschreibens als *Ausdruck des Selbst*, denn dieses Schreiben

- ist eine Aktivität von hoher psychohygienischer Relevanz (vgl. Urban 2004),
- führt zur Selbsterkenntnis und trägt zur Persönlichkeitsfindung bei (vgl. Maxlmoser 1995),
- wird von (entwickelten) Schreibern als psychische Entlastung und Möglichkeit der Selbstfindung empfunden (vgl. Frentz / Frey / Sonntag 2005),
- hilft – insbesondere in der Erzählform – bei der Suche nach biografischer Identität (vgl. Kaufmann 2005),
- befördert – vorzugsweise im fiktionalen Textsortenbereich – die Konturierung des Selbst (vgl. Jung 1989) und die Herstellung von Identität (vgl. Breuer / Sandberg 2006),
- weist als autobiografisches Schreiben eine höhere identitätsbildende Produktivität auf (vgl. Feilke / Otto 1998) und hilft, „die spezifischen Funktionen der Tätigkeit Schreiben für die Sinnsuche im eigenen Leben genauer zu bestimmen" (Bräuer 1998 : 35).

Die meisten dieser Vorzüge des Schreibens entbehren allerdings noch der empirischen Verifizierung. Eine amerikanische Studie weist bereits die exponierte Bedeutung schriftlicher Tätigkeiten im Kontext der Berufswahl Jugendlicher nach (vgl. Brown et al. 2003 : 412 ff.). So zeigt die Metaanalyse von 63 Berufswahlinterventionsstudien, dass die Interventionskomponente „Workbooks and written exercises", mit Hilfe derer Jugendliche ihre Laufbahn- und Lebensziele klären sollte, zu signifikant höheren Effektwerten in Berufsorientierungsprozessen führte. Daraus schlussfolgert man hypothetisch, dass die schriftsprachbezogenen Interventionsmaßnahmen zu Berufsvergleichen und zu persönlichen Lebensperspektiven in der Kombination den höchsten Effekt erzielen.

Kommen wir nun zurück auf die eingangs genannte schreibdidaktische Fragestellung und überführen wir diese in konkretere *Forschungsfragen*:

Wie können schreibdidaktische Interventionen dazu beitragen, die Schreib- und Selbstkompetenz bei Lernenden auszubilden?
und
Welches Schreibentwicklungskonzept ist geeignet, bei Lernenden Schreibmotivation und Schreibkompetenz zu befördern und zugleich Identitätsfindungsprozesse zu unterstützen?

Im Zuge der Antwortfindung konzentrieren wir uns im Folgenden auf
- eine theoriebezogene Analyse von Schlüsselbegriffen (*Kompetenz, Kreativität, Identität*) sowie von psychologisch, linguistisch und didaktisch geprägten Schreibkonzepten,
- eine exemplarische praxisbezogene Analyse des schreibunterrichtlichen Kontextes (*Schreibleistungen Lernender, Schulbuchangebote für den Deutschunterricht*),
- den Entwurf eines ganzheitlichen Schreibentwicklungskonzeptes, das sowohl konsensfähige Elemente bekannter kognitiver und kreativer Schreibmodelle vereinigt als auch dem kompetenz- und identitätsbildenden Anspruch gleichermaßen gerecht wird,
- ein Angebot an kompetenz- und identitätsbildender Schreibaufgaben, die auf authentische Texte zu identitätsrelevanten Themen zielen.

2. Schreibentwicklung zwischen Kompetenz, Kreativität und Identität

Die schreibdidaktische Diskussion um eine weitere Effektivierung der Schreibentwicklung im institutionellen Rahmen von Schule und Deutschunterricht ist einerseits geprägt von der Kompetenz-Debatte angesichts dringend notwendiger Leistungssteigerungen auch beim Schreiben von Texten. Andererseits ist die Suche nach freien und kreativen Formen des Schreibens ungebrochen. So stoßen prozess- und produktorientierte Anleitungen, Modelle und Strategien auf individualorientierte Impulse für Imaginationen, Expressionen und einen spielerisch-experimentellen Umgang mit Schriftsprache. Hinzu kommt der Anspruch, Heranwachsenden Unterstützung bei ihrer Identitätsbildung zu gewähren.
Die in dieser Diskussion gebrauchten Begriffe sind vielfältig, aber auch unscharf und nur bedingt geeignet, die schreibunterrichtliche Praxis zu beschreiben und zu befördern. Eine Auseinandersetzung mit den Schlüsselbegriffen *Kompetenz, Kreativität und Identität* versucht sich deshalb an einer für das weitere Vorgehen notwendigen definitorischen Konkretisierung. Zudem stehen bekannte Schreib- und Schreibentwicklungskonzepte zur Disposition. Sie werden befragt nach ihren Potenzen für das von uns deklarierte Anliegen.

2.1. Kompetenz und Kompetenzentwicklung

Der *Kompetenz* - Begriff hat sich im öffentlichen Sprachgebrauch fest etabliert. Ohne dass er seinen Siegeszug bereits beendet hat, wissen wir um die hohe Bedeutung von *Medien- Computer-, Coaching-, Organisations-, Management-* und *Lernkompetenz*. Wir streben nach *kommunikativer, interkultureller* und *sprachlicher Kompetenz*. Der Erschaffung von *Kompetenz* – Komposita und *Kompetenz* – Attribuierungen sind offensichtlich keine Grenzen gesetzt. Angesichts der *Kompetenzen* – Flut ist es verwunderlich, welche geringe definitorische Klarheit über diesen Begriff herrscht und wie diffus die Vorstellungen bezüglich *kompetenz* – bezogener Messbarkeit sind (vgl. Schmidt 2005 : 20).

Einigkeit herrscht darüber, dass der Begriff in einer doppelten Bedeutung zu fassen ist: Zum einen bezieht er sich – aus der Sicht dessen, der *Kompetenz* bei sich zu entwickeln sucht – auf eine *Disposition* zum selbst organisierten Lösen von Problemen in spezifischen Handlungskontexten (vgl. ebenda : 172). *Kompetenz* erscheint so als Handlungsvoraussetzung in einer Ausbildungskonstellation. Ein *Aktant* erwirbt eine „ individuelle Selbstorganisationsdisposition“ (ebenda : 173), mit Hilfe derer er Probleme selbsttätig lösen kann. Zum anderen dient der *Kompetenz* - Begriff dem *Kompetenz* - Beobachter und - Bewerter in einer spezifischen *Performanz* zur Erklärung und Beschreibung des Verhaltens eines Aktanten. Er erscheint somit als ein „Beobachterbegriff“, als ein „Konstrukt zur Beschreibung von Verhalten“ (ebenda : 171) im Rahmen einer Problemlösungssituation. *Kompetenz* reflektiert damit auf die Handlung und das Handlungsergebnis in einer Beobachtungskonstellation.

Zwischen *Kompetenz* als *Disposition* oder auch „individuelles Potenzial“ einer Person (vgl. Groeben 2002 : 13) sowie als *Leistung* in der jeweiligen *Kompetenz* – Kultur besteht also eine „Einheit der Differenz von Disposition und Performanz“ (Schmidt 2005 : 173). Da *Kompetenz*

„wesentlich mit Wissen und Können zu tun hat", erscheint sie als „zur Prozesssorte *Lernen*" (ebenda : 171) gehörig.
Betrachten wir diese Prozesssorte – auch *Lernkultur* genannt – näher, so erkennen wir hier sehr intensive Beschreibungsversuche:
Die *Dispositions*-Komponente des Begriffs spiegelt sich wider in Zielvorstellungen der Bildungsadministration. *Kompetenzen* erscheinen dort als „Dispositionen zur Bewältigung bestimmter Anforderungen" (Bildungsstandards 2005 : 16), wobei man diese Dispositionen durch Wissen, Fähigkeiten und Fertigkeiten zum Lösen von Problemen näher bestimmt.
Die *Beobachtungs*-Komponente wiederum kommt im Bildungskontext in Gestalt von *Standards* zum Ausdruck. *Standards* beschreiben normative „Anforderungen an das Lehren und Lernen" und zu erlangende „Basisqualifikationen" als Ausdruck „erwünschter Lernergebnisse" (ebenda : 10).
Die Problemlösungsorientierung des Kompetenz-Begriffs wird auch durch Weinert betont:

„Dabei versteht man unter Kompetenzen die bei Individuen verfügbaren oder durch sie erlernbaren kognitiven Fähigkeiten und Fertigkeiten, um bestimmte Probleme zu lösen, sowie die damit verbundenen motivationalen, volitionalen und sozialen Bereitschaften und Fähigkeiten um die Problemlösungen in variablen Situationen erfolgreich und verantwortungsvoll nutzen zu können" (Weinert 2002 : 27 f.).

Da in der Bildungsdiskussion der normbezogene Beobachtungs- und Bewertungsaspekt zunehmend an Bedeutung gewinnt, betont man das Instrument der *Aufgabe*, mit Hilfe dessen eine Mess- und Vergleichbarkeit von Lernergebnissen intendiert ist. *Aufgaben* als Mittel sowohl zur Ausbildung als auch zur Überprüfung von *Kompetenzen* dienen der „Veranschaulichung der durch Standards definierten Zielvorgaben" (ebenda : 17). Hierdurch soll die Herstellung von *Kompetenz* über eine Darstellung derselben bestätigt werden, wobei man sich bei dieser Bestätigung auf eine „*kollektive Performanzbewertungsordnung* im Rahmen der jeweiligen Kompetenzkultur" (Schmidt 2005 : 173) bezieht.

Steht das *Lernen* als Kompetenzkultur und zugleich als „Modus der Kompetenzentwicklung" (ebenda : 174) zur Debatte, dann sind Fragen der Lernorganisation – auch und besonders aus fachdidaktischer Sicht – zu beantworten. Die notwendigen Antworten gruppieren sich um zwei Problemkreise: die individualbezogene Motivation zum Dispositionsaufbau und die prozessuale Stufung der Leistungsentwicklung. Das Gewicht der motivationalen Komponente von *Kompetenzentwicklung* resultiert aus der Erkenntnis, dass eine „Veränderung kognitiv autonomer Systeme nur dann Aussicht auf Erfolg hat, wenn man diesen Systemen in geeigneten Kontexten attraktive Angebote macht, die sie zur erfolgreichen *Selbstveränderung* ... nutzen können" (ebenda : 182). Die Prozessgestaltung im Rahmen von Kompetenzentwicklung sollte auf das Erzielen von Nachhaltigkeit gerichtet sein. Eine solche ist zu erwarten, wenn man sich prinzipiell an einer Dreistufigkeit orientiert:
- Analyse von Veränderungsbedarf,
- Entwicklung von Wissen für Veränderungen,
- Organisation von konkreten Veränderungsmöglichkeiten (vgl. ebenda : 185).

Ausgehend von solchen Prämissen der Bildungsforschung und Bildungspolitik richtet sich die aktuelle fachdidaktische Diskussion auf die Modellierung *bereichsspezifischer Teilkompetenzen*. So untersucht die Deutschdidaktik die Notwendigkeiten und Möglichkeiten zur Gestaltung von Ausbildungskonstellationen im Rahmen sprach-, literatur- und medienbezogener Lernprozesse. Sie begründet und beschreibt bereichsspezifisches Wissen und Können als Voraussetzung und Ergebnis von Kompetenzentwicklung. Die Deskription wird verbunden mit der Konstruktion differenzierter Aneignungsprozesse. Hierbei wird auch die Gefahr erkannt, die sich aus einer Hypertrophierung von komplexeren Beobachtungskonstellationen ergibt: „Die Fachdidaktik muss zeigen, wie Kompetenz in Bezug auf bestimmte Gegenstandsbereiche im Einzelnen erzeugt werden kann, denn sonst besteht die Gefahr der Konservierung traditioneller, didaktisch problematischer Schulnormen“ (Fix 2005 : 115).

Zum anderen verweisen auch Erkenntnisse aus der empirischen Bildungsforschung zur Bestimmung von Unterrichtsqualität auf die Notwendigkeit der Begrenzung solcher Analysen auf einzelne Lernaktivitäten. Hiernach zeigt das Ausmaß konkreter lernbereichsspezifischer Lernaktivitäten stärkere Lerneffekte als allgemeinere und umfassendere Unterrichtsmerkmale, als die Lernzeit, als die Lernbewertung oder als die sozialen Erfahrungen der Lernenden (vgl. Seidel / Shavelson 2007).

2.2. Kreativität und Kreativitätsentwicklung

Bemühungen um eine definitorische Bestimmung von *Kreativität* unterliegen demselben Schicksal wie die um den Begriff der *Kompetenz*. Auch *Kreativität* zeigt sich als Modewort, als „ein modisches Motto“ (Urban 2004 : 63), das in allen Lebensbereichen für die Eigenschaft besonderer Menschen steht, Neues mit Leichtigkeit spielerisch hervorzubringen (vgl. Holm-Hadulla 2005 : 9). Mehr oder weniger erfolgreiche Spezifizierungen dieses Begriffes begegnen uns in verschiedenen Wissenschaftsdisziplinen (vgl. ebenda): In der Biologie steht *Kreativität* für die grundlegende Eigenschaft aller Lebewesen, sich ständig ihrer Umwelt anzupassen, um überlebensfähig zu bleiben. In den Kultur- und Sozialwissenschaften bezeichnet der Begriff die zentrale Aufgabe menschlicher Entwicklung, dem Zusammenleben Sinn und Verstand zu geben. Die Psychologie sieht *Kreativität* im durch das kindliche Spiel geprägten Verhalten des Menschen beim Erkennen seiner Außenwelt und beim Entwickeln seiner Innenwelt im Zusammenspiel mit vielgestaltigen Ideen und Phantasien. Außerhalb der Wissenschaften begegnet uns dieser Begriff „ebenso häufig und vielfarbig schimmernd“ (Urban 2005 : 63) als eine zentrale Kategorie der Künste, aber auch in beruflichen Ausbildungsbereichen und im industriellen Management.

Gerade im Kontext der letztgenannten Bereiche fällt die Betonung der *Erlernbarkeit von Kreativität* auf. Allen Bestimmungen gemeinsam ist ebenfalls der Bezug zur Gestaltung von *Problemlösungsprozessen*, zum Generieren von kreativen Ideen und Produkten in *spezifischen Problembereichen*.

Bedingt durch die Vielfalt der Vorstellungen von *Kreativität* ist es derzeit kaum möglich, einen gemeinsamen Nenner zu finden.
Es stellt sich die Frage:
„Ist denn alles, was wir tun, kreativ?“ (Holm-Hadulla 2005 : 10).
Eine punktgenaue und verallgemeinerungswürdige Antwort erscheint unmöglich. Teilantworten finden sich bestenfalls im Bezug zu konkreten menschlichen Tätigkeitsbereichen:
„Die vielschichtigen, sich teilweise widersprechenden Ideen zur Kreativität reflektieren ... die Realität: Kreative Persönlichkeiten, kreative Arbeitsformen und kreative Rahmenbedingungen unterscheiden sich in verschiedenen Tätigkeitsbereichen in grundsätzlicher Weise“ (ebenda).

Dessen eingedenk bemüht sich die Kreativitätsforschung um die Benennung übergreifender Faktoren und Kriterien kreativer Prozesse und Produkte. Relativer Konsens herrscht bei der

Auflistung von voraussetzungsbezogenen Determinanten von *Kreativität* – also von kreativen *Dispositionen*. Dissens zeigt sich jedoch bei deren Kategorisierung (vgl. dazu Holm-Hadulla 2005 : 11 ff.; Ripke 2005 : 12 ff.; Urban 2004 : 47 ff.; Funke 2000 : 291 f.).

Ein erster Komplex von *Kreativitätsdeterminanten* umfasst *Dispositionen der Person*. Im Rahmen dieses Komplexes, der die zur Gestaltung kreativer Leistungen als notwendig erachteten *Persönlichkeitseigenschaften* umfasst, gibt es unterschiedliche Versuche einer Binnendifferenzierung. Neben der Trias von *Talent, Intelligenz* und *Persönlichkeitsmerkmalen* begegnet uns die Einteilung in „harte" und „weiche" Faktoren von *Kreativität* (vgl. Holm-Hadulla 2005 : 18). Zu den „harten" Faktoren gehören demnach *Intelligenz, Geduld, Fleiß, Hartnäckigkeit, Mut, Zuversicht, Beharrlichkeit, Selbstvertrauen, Frustrationstoleranz, Ehrgeiz, Nonkonformismus, Risikobereitschaft, Ausdauer, Konzentration, Unterscheidungs- und Trennvermögen* sowie *unkonventionelles Verhalten*. Beim Faktor *Intelligenz* unterscheidet man weiter in *sprachliche, logisch-mathematische, musikalische, körperlich-kinästhetische, räumliche, interpersonale* und *intrapersonale Intelligenz* (vgl. ebenda : 11). Zu den „weichen" Kreativitätsdeterminanten zählt man *Imagination, Intention, Phantasie, Spielfähigkeit, Originalität, Neugier, Interesse, Hingabefähigkeit, Ambiguitätstoleranz, Offenheit, Sensibilität* und *Experimentierfreude*. Unklar bleibt bei einem solchen Differenzierungsversuch sowohl die Grenzziehung zwischen den Härtegraden der Faktoren als auch die Rolle von Kognition und Wissen. Es ist davon auszugehen, dass fundamentales Wissen eine wesentliche Voraussetzung für bereichsspezifisches kreatives Handeln darstellt (vgl. Ripke 2005 : 12 ff.). Ebenso bedeutsam ist die Denkfähigkeit des den Anspruch von Kreativität erhebenden *Aktanten*. Hierbei sind Fähigkeiten insbesondere im divergenten Denken, aber auch im selbstreflektierenden (metakognitiven) Denken zu beachten. Somit tritt neben die Komponente des Intuitiv-Unbewussten das strukturiert-bewusste Handeln als Charakteristikum kreativer Prozesse.

Ein zweiter Komplex von Kreativitätsdispositionen erfasst das *Umfeld der Person* (vgl. Holm-Hadulla 2005 : 16; Ripke 2005 : 43 ff.; Funke 2000 : 295). Zu den der Kreativitätsentfaltung dienlichen Umgebungsbedingungen gehören eine Atmosphäre der *Entscheidungsfreiheit, Innovationsförderung, Stimulierung, Herausforderung, Belobigung, Akzeptanz*, des *Vertrauens* und der *Kooperationsbereitschaft*. Als kreativitätshinderlich haben sich eine ausschließliche Ergebnis- und Erfolgsorientierung, eine vorschnelle Evaluation und ein permanenter Zeit- und Bewertungsdruck erwiesen.

Im Ergebnis der Bestimmung solcher Persönlichkeitseigenschaften und Umweltbedingungen zeigt sich, dass *Kreativität* wohl am ehesten in einem *Gleichgewicht zwischen Strukturiertheit und Systematik* einerseits sowie von *Flexibiltät und Intuition* andererseits zu erlangen ist.

Befunde aus dem Wirtschaftleben bestätigen diese Auffassung. Dort hat man erkannt, dass Mitarbeiter für kreatives Handeln Spielräume brauchen, „in denen sie ihr Gleichgewicht von strukturierter Routinearbeit und flexibler Suche nach neuen Möglichkeiten finden können" (Holm-Hadulla 2005 : 18).

Damit gelangen wir zur Modellierung kreativer Handlungen, die auch eine Voraussetzung für die Strukturierung von *Kreativitätsentwicklung* darstellt. Traditionell unterscheidet man verschiedene *Phasen des kreativen Prozesses* (vgl. ebenda : 16; Ripke 2005 : 32; Funke 2000 : 288 ff.), wobei man sich nicht einig ist, ob es sich um vier oder fünf Phasen handelt und in welcher Reihenfolge die beiden letzten Phasen anzusetzen sind:

- Phase der *Vorbereitung*: Der kreativ Handelnde setzt sich mit dem problemhaften Sachverhalt auseinander, sammelt Informationen und arbeitet gegenstandsbezogenes Wissen auf.

- Phase der *Inkubation*: Quasi in einer Ruhephase lässt der Problemlösende das Problem liegen und beschäftigt sich mit anderen Dingen, da er annimmt, dass sich im Unterbewusstsein assoziative Verbindungen zwischen den erlangten Informationen und Ideen zur Problembearbeitung einstellen.
- Phase der *Illumination* oder *Einsicht*: Indem eine in Phase 2 ausgebildete Assoziation die Schwelle zum Bewusstsein übertritt, kommt es jetzt im Moment der Erleuchtung zu einem „Aha"-Effekt.
- Phase der *Produktion* oder *Ausarbeitung*: Die kreative Idee wird durchgesetzt und führt zu einem kreativen Produkt, also einer kreativen Problemlösung.
- Phase der *Verifikation* oder *Bewertung*: Mit Orientierung an der Zielstellung, aber auch an Normen und Werten des Problemlösungsprozesses erfolgt eine Überprüfung des kreativen Ergebnisses hinsichtlich seiner Brauchbarkeit.

Innerhalb des kreativen Prozesses bedient sich der Aktant einer Vielzahl von *Kreativitätstechniken*, die insbesondere am Beginn sein kreatives Potenzial wecken und ihm zu einer möglichst großen Anzahl von Problemlösungsideen verhelfen soll. Man unterscheidet hierbei zum einen *intuitive Methoden*, wie z.B. *Mind Mapping* und *Brainstorming*, die der spontanen Ausbildung von Ideen dienen. Zum anderen kennt man im Kontext der Einsicht, dass *Kreativität* auch der Strukturiertheit des Handelns bedarf , die *systematisch-analytischen Methoden*. Mit diesen erfolgt durch geordnetes Denken die *Zerlegung des Problems in Teilprobleme* (vgl. Ripke 2005 : 47 ff.).

Kommen wir zurück zur eingangs zitierten Frage, ob denn alles kreativ sei, was wir tun.
Mit Blick auf den *Kreativitätsprozess* sind Teilantworten gegeben. Es bleibt die Frage nach den Eigenschaften des *Kreativitätsprodukts*. Wenngleich davon auszugehen ist, dass eine Bewertung kreativer Produkte prinzipiell abhängig ist von den subjektiven Werten des Beurteilers (vgl. Ripke 2005 : 41), so sind dennoch *Bewertungskriterien* benennbar (vgl. ebenda : 40 f.; Funke 2000 : 292 f.):

Demnach sind *zentrale Eigenschaften* kreativer Produkte
- die *Neuigkeit* des Produkts, die sich auch als rein subjektiv erweisen kann, sowie
- die *Angemessenheit* und *Nützlichkeit* im Sinne der Problemsituation.

Als *Nebenkriterien* benennt man
- die *Qualität* des Produkts und die *Überlegenheit* gegenüber anderen Produkten,
- die *Bedeutung* und *Reichweite* der Problemlösung im Sinne des Fortschritts sowie
- die *Neuartigkeit* des Weges zum Ergebnis, also des Problemlösungsprozesses.

Zusammengefasst seien die folgenden definitorischen Elemente von *Kreativität* hervorgehoben:

Kreativität ist die komplexe Fähigkeit eines jeden Menschen, Problemlösungsprozesse zu gestalten.
Kreativität ist als individuelle Disposition grundsätzlich erlernbar.
Kreativität zeigt einen individuell unterschiedlichen Ausprägungsgrad in Abhängigkeit von inneren und äußeren Umständen.
Kreativität vereint intuitiv-unbewusstes und strukturiert-bewusstes Handeln auf der Basis eines umfangreichen und flexibel nutzbaren Wissens.

Die Erlernbarkeit kreativen Handelns führt unter dem Bedingungsaspekt *Umfeld* direkt zum Kontext *Lernkultur* und damit zur Institution Schule. Ausgehend von der Tatsache, dass sich die Anlagen Heranwachsender zu kreativen Denk- und Handlungsfähigkeiten auch in Abhängigkeit von den Bedingungen der Bildungsinstitutionen entwickeln, fällt eine diesbezügliche Bestandsaufnahme noch nicht zufrieden stellend aus:

„Schulische Erziehung und Bildung ist immer noch (oder wieder) weit davon entfernt, kreative Verhaltensweisen von Schülern nicht zu bremsen oder zu verhindern, geschweige denn, kreativitätsfördernde Bedingungen bereitzustellen ..., obwohl die Förderung der Kreativität eine explizite als auch implizite Bildungsaufgabe der Schule darstellt ...“ (Urban 2004 : 51).

Somit stellt sich die Aufgabe, Kreativität „nicht länger als Störfaktor, sondern als Unterrichtsziel“ (ebenda : 83) zu sehen.

Analysiert man unter diesem Aspekt *bildungspolitische Vorgaben*, so scheint hier ein Nachholebedarf offensichtlich. Am Beispiel der *Thüringer Lehrpläne für das Fach Deutsch an Regelschulen und Gymnasien* zeigen sich kreativitätsbezogene Zielstellungen lediglich im Bereich des „Kreativen Darstellens“, der einen inhaltlichen Schwerpunkt des Lernbereichs „Mündlicher und schriftlicher Sprachgebrauch“ ausmacht (vgl. Deutsch. Lehrplan 1999 : 12). Es ist allerdings zu berücksichtigen, dass im Rahmen der Beschreibung von Zielen und Aufgaben des Deutschunterrichts Begriffe Erwähnung finden, die im weitesten Sinne auch auf auszubildende Dispositionen kreativer Persönlichkeiten zutreffen, wie z.B. „Individualität“, „Selbstkompetenz“, die Fähigkeit der „Auseinandersetzung mit dem eigenen Ich“ im Zuge der „Identitätsgewinnung und -wahrung“ und auf dem Weg der „Selbstfindung“ (vgl. ebenda : 5 ff.). Der Leitbegriff „Kommunikative Handlungsfähigkeit“ (ebenda : 10) reflektiert aus kompetenzorientierter Sicht auf erstsprachbezogenes Können und damit auf *sprachliche Kompetenz*. Offen bleibt – verständlicherweise – die Frage, welchen Stellenwert *sprachliche Kreativität* bei der Ausbildung *sprachlicher Kompetenz* hat. Die Erwähnung des „Kreativen Schreibens“ greift zu kurz. Diese Kreativtechnik gilt es später im Kontext von Schreibkompetenzentwicklung zu diskutieren.

Aus linguistischer Sicht erweist sich *Sprachliche Kreativität* als „eine zentrale Eigenschaft von Sprache selbst“, die es zulässt, aus „einer begrenzten Anzahl von Elementen eine quasi unendliche Zahl von Sätzen zu generieren, die vielleicht niemals zuvor gesprochen oder geschrieben worden sind“ (Posselt 2005 : 111 f.). Um nicht eine quantitativ–grenzenlose Beliebigkeit als Wesensmerkmal sprachlicher Kreativität erscheinen zu lassen, sei auf die regulative Funktion von *Normativität* verwiesen. Hiernach entwickelt sich der Sprachgebrauch – und damit auch die *Sprachkompetenz* – in einer „Dialektik von Normativität und Kreativität“: Der Bestand von Normen wird als Voraussetzung kreativen Sprachgebrauchs gesehen, wobei die Anwendung von Normen auch einen Eingriff in feststehende Strukturen bedeuten kann, also zur Entwicklung „neuer“ Normen zu führen vermag (vgl. Bertram 2005 : 277). In jedem Fall tritt bereichsspezifisches Wissen als Voraussetzung für sprachliche Kreativität „immer stärker in den Focus der Aufmerksamkeit“ (Urban 2004 : 49).

Für die Gestaltung sprachspezifischer Lernprozesse, und da kommen wir wieder zum Deutsch- bzw. Sprachunterricht und zur Sprachdidaktik, bedeutet das, *Kompetenz zur sprachlichen Kreativität* im Kontext subjektiver Dispositionen und optimaler Umgebungsbedingungen so zu entwickeln, dass eine Balance zwischen *Strukturiertheit* im Sinne wissensbezogenen und systematischen Sprachhandelns und *Flexibilität* im Sinne intuitiven und spielerischen Sprachexperimentierens gewahrt bleibt. Welche Möglichkeiten hierfür bestehen, soll im Folgenden an der Entwicklung von *Schreibkompetenz* erörtert werden.

2.3. Schreibkompetenz und Schreibkompetenzentwicklung

Die Auseinandersetzung mit dem Begriff *Schreibkompetenz* ist folgerichtig belastet durch die bereits skizzierten definitorischen Probleme, die sich um den allgemeineren Kompetenzbegriff ranken, aber auch durch die Bezüge zur Kreativitätsdiskussion. Hinzu treten die Vieldeutigkeiten des *Schreibens*: Es existieren unterschiedliche Vorstellungen vom *Schreiben* in Abhängigkeit von individuellen Schreiberfahrungen, historischen Entwicklungen und kulturellen Differenzen. Nach wie vor fehlt eine umfassendere *Theorie des Schreibens* (vgl. Baurmann / Weingarten 1995 : 7; Grabowski 1995 : 12; Ludwig 1995 : 275; Merz-Grötsch 2000 : 27).

Begriffliche Elemente des *Schreibens* lassen sich offensichtlich drei Verständnisbereichen zuordnen, die sich allerdings in wechselseitigen Abhängigkeiten befinden:
- *Handschreiben* verweist auf die Technologie im Gebrauch von Werkzeugen und Materialien bei der materiellen Realisierung von Schriftzeichen, die ihrerseits spezifische Bewusstseinsinhalte fixieren.
- *Rechtschreiben* meint das Herstellen von Lesbarkeit eines Schreibproduktes durch das Einhalten von schriftsprachlichen (konventionellen, standardisierten) Normen.
- *Textschreiben* bedeutet das Gestalten einer schriftsprachlichen Äußerung mittels mentaler Prozesse und zugeordneter materieller Handlungen unter Beachtung normativer (orthografischer, grammatischer, stilistischer) und funktionaler (kommunikativer) Aspekte.

Diese definitorischen Teilbereiche des *Schreib-Begriffs* finden sich wieder in der lernkontextgebundenen Diskussion des *Schreibens*.
So unterscheidet Ossner drei Kategorien bei der Bestimmung von „Mindeststandards“ für *Schreiben* (vgl. Ossner 2007 : 12 f.):

- *Motorisches Schreiben* verlangt das leserliche und flüssige Handschreiben mit verschiedenen Schreibmaterialien und auf unterschiedlichen Schreibflächen.
- *Richtig schreiben* erfordert das fehlerfreie Fixieren schriftsprachlicher Äußerungen unter eventueller Einbeziehung von Hilfsmitteln.
- *Texte schreiben* zielt auf das Verfassen differenzierter fiktionaler und nichtfiktionaler Schreibprodukte unter Beachtung prozessualer Stufen der Textherstellung.

Auch in der Benennung von *Standards* für den *Kompetenzbereich Schreiben* durch die KMK lassen sich Bezüge zu dieser Dreiteilung erkennen (vgl. Bildungsstandards 2004 : 11 – 13). Hiernach sollen Schülerinnen und Schüler

- „über Schreibfertigkeiten verfügen“, d.h. handschriftlich lesbare, zweckentsprechende, adressatenbezogene, sinnvoll strukturierte und medial formatierte Äußerungen produzieren,
- „richtig schreiben“, indem sie normbezogene Grundregeln anwenden, und
- „einen Schreibprozess eigenverantwortlich gestalten“, wobei sie stufengemäß „Texte entwerfen und planen“, „Texte schreiben“ und „Texte überarbeiten“.

In diesen *Standards* spiegeln sich also die wesentlichen *Arbeitsbereiche* oder auch *Kompetenzdimensionen* (vgl. Ossner 2006 (b): 9) bei der Erlangung von Schreibkompetenz wider. Versucht man den Begriff der *Schreibkompetenz* umfassender zu reflektieren, so stößt man auf einen Wirrwarr von Definitionsversuchen, der sich zudem sehr unterschiedlicher Auffassungen von Basisbegriffen bedient:

- *Kompetenz* wird mit *Fähigkeit* gleichgesetzt, wobei auch *Wissen*, *Fertigkeiten* und *Dispositionen* in die Bestimmungsversuche einfließen (vgl. Bildungsstandards 2005).
- *Standards* werden als *Anforderungen* (vgl. ebenda), aber ebenso als *Dimensionen* gesehen, die differenzierte Wissensbestände einschließen (vgl. Ossner 2006 (b)).
- *Aufgaben* erscheinen ebenfalls als *Anforderungen,* die durch *Standards* definierte *Zielvorgaben* veranschaulichen (vgl. Bildungsstandards 2005) und die eine Standarderreichung feststellen sollen.

Die ausufernde Begrifflichkeit schlägt sich ebenso in der schreibdidaktischen Diskussion nieder. Hier kommt es u.a. zur

- Gleichsetzung von *Schreib- und Textkompetenz* (vgl. Dehn 2006 : 661),
- Unterordnung von *Schreibkompetenz* unter eine umfassendere *Textkompetenz* (vgl. Portmann-Tselikas / Schmölzer-Eibinger 2008 : 5 ff.),
- Fokussierung prozessualer Elemente von Schreibkompetenz als *Problemlösungskompetenz* (vgl. Frentz / Frey / Sonntag 2005 : 4 ff.),
- Grundlegung von *Zieldimensionen des Schreibens* bei der Bestimmung von *Teilkompetenzen des Schreibens* (vgl. Ossner 2006 (a) : 98 ff.),
- Hervorhebung von *Schreibbewusstsein* als entwicklungsförderndes Element für schriftsprachliche Fähigkeiten (vgl. Baurmann 2006 : 296 ff.),
- Orientierung an Schreibstrategien und Schreibmustern als *Fähigkeitsdimensionen des Schreibens* (vgl. Dahmen 2007 : 4 f.),
- Bestimmung von *individueller Schreibkompetenz* als das Produkt aus den Anforderungen der *Schreibaufgabe* und der Summe des anforderungsbezogenen *Schreibwissens* (vgl. Becker-Mrotzek / Schindler 2007 : 16 f.).

Somit ist nach wie vor Sieber zuzustimmen, der das Fehlen eines konzisen Begriffs der *Schreibkompetenz* beklagt, welcher „die unterschiedlichen Aspekte von Prozess, Erwerb und Textmuster zu integrieren vermag“ (Sieber 2003 : 210).

Es kann nicht verwundern, dass auch zur Bestimmung von *Teilkompetenzen des Schreibens* verschiedene Modelle kursieren. Im Kontext der übergreifenden Dispositions-Aktions-Relation, die sich für die Definition des allgemeineren Kompetenz- und Kreativitätsbegriffs als nützlich erwiesen hat (vgl. Kap. 2.1. und 2.2.), erscheinen die beiden folgenden aktuellen schreibdidaktischen Angebote als tragfähig für die Ausdifferenzierung des *Schreibkompetenz-Begriffs*:

Unter dem *Dispositionsaspekt* erfasst Baurmann grundlegende Voraussetzungen des Schreibenden für die Bewältigung einer Schreibaufgabe (vgl. Baurmann 2002 : 13 ff.):

- *Inhaltlich-fachliche Kompetenz* zur Umsetzung einer Schreibaufgabe in einen Text;
- *Methodisch-strategische Kompetenz* zur Planung, Organisation und Strukturierung des Schreibvorhabens;
- *Sozial-kommunikative Kompetenz* zur Antizipation des Lesers („Adressatenorientierung“);
- *Personale Kompetenz* zur Beobachtung und Steuerung des eigenen Schreibverhaltens.

Den *Aktionsaspekt* von Schreibkompetenz erkennt man eher im Modell von Fix wieder, das Teilkompetenzen aus operationaler Sicht auflistet und mit einer Abfolge von „Problemfragen“ und „Schreiboperationen“ verbindet (vgl. Fix 2006 : 20 ff.):

- *Zielsetzungskompetenz* (1. Warum und für wen schreibe ich?);
- *Inhaltliche Kompetenz* (2. Was schreibe ich?);
- *Strukturierungskompetenz* (3. Wie baue ich den Text auf?);
- *Formulierungskompetenz* (4. Wie formuliere und überarbeite ich?).

Fix stellt einen engen Zusammenhang zwischen diesen Teilkompetenzen und grundlegenden *Wissensbereichen* her. Er sieht pragmatisches Wissen, inhaltliches Wissen, Textstrukturwissen und Sprachwissen in einem konditionalen Verhältnis zur Schreibfähigkeit (vgl. ebenda : 33).

Spätestens an dieser Stelle wird deutlich, dass das *Textschreiben* im Mittelpunkt der gegenwärtigen Schreibentwicklungsforschung steht und damit auch den *Schreibkompetenz-Begriff* dominiert.

Es erhebt sich jetzt die Frage, von welchem *Text – Verständnis* in diesem schreibdimensionalen Zusammenhang auszugehen ist. Die Tatsache berücksichtigend, dass *Text* als ein Grundbegriff der Deutschdidaktik gilt und *Textkompetenz* zu den Kernzielen des Deutschunterrichts gehört (vgl. Kliewer / Pohl 2006 : 753), könnte man meinen, es existiere ein linguistisch fundierter *Text - Begriff*, der auch und gerade auf den didaktisch relevanten Bereich des Textschreibens zu transferieren wäre. Dem ist nicht so, denn „nach über 30 Jahren textlinguistischer Forschung scheint die Sprachwissenschaft weiter denn je von einem einheitlichen Textbegriff entfernt“ (Klemm 2002 (a) : 18 f.). Das verwundert zunächst, zumal die Sprachwissenschaft den gesonderten Zweig der „Textlinguistik“ schuf und sich daneben auch andere Geistes- und Sozialwissenschaften dem Text-Begriff näherten. Die sich im Laufe der Zeit entwickelnde Pluralität und Multiperspektivität im Umgang mit diesem – unbestritten zentralen – Gegenstand führte schließlich dazu, dass das Text-Phänomen bis zur Unkenntlichkeit zersplitterte (vgl. ebenda : 17). Aus linguistischer Sicht wird jedoch dieser Umstand nicht als Manko, sondern als Chance begriffen. Mehr noch: Die Suche nach einem konsensuellen universellen Textbegriff erweise sich als geradezu kontraproduktiv (vgl. Klemm 2002 (b) : 149 f.). Dennoch bemüht sich die Textlinguistik als „Linguistik des unpräzisen Gegenstandes“ (ebenda : 143) zumindest um die Benennung von Charakteristika, die einen Text ausmachen können. Als solche hebt sie als die zentralen Merkmale von *Text* bzw. *Textualität* folgende hervor (vgl. Kliewer / Pohl 2006 : 754 / Klemm 2002 (a) : 145 ff. / Brinker 2005 : 17 ff.):
- Funktionalität (Text als Einheit mit kommunikativer Zwecksetzung);
- Situativität (Text als Abbild spezifischer Merkmale eines kommunikativen Aktes);
- Thematizität (Text als Form der Widerspiegelung spezifischer Sachverhalte in einer relativ abgeschlossenen Inhaltseinheit);
- Kohärenz (Text als Einbettung sprachlicher Zeichen in Bedeutungszusammenhänge);
- Kohäsion (Text als Zusammenhang grammatischer Relationen).

Da keines dieser Merkmale den *Text* im Allgemeinen, aber auch im Besonderen zu erfassen vermag und zudem nicht geeignet erscheint, Texte von Nicht-Texten zu trennen, bleibt es die Aufgabe des Anwenders, *seinen* Textbegriff in *seinem* Anwendungsbereich zu definieren. Der Textbegriff sollte dabei „dem jeweiligen Textphänomen, der Fragestellung und Zielsetzung angemessen sein“ (Klemm 2002 (b) : 152). Dieser Aufforderung folgend, versuchen wir uns im Rahmen unseres Untersuchungsfeldes an einer solchen *spezifischen Text-Definition*:

Wir sehen in einem *Text* das Ergebnis eines Schreibprozesses, in dem sich der Schreibende in einem schreibmotivierenden Kontext zu einem schreiberbezogenen Thema äußert. Das Schreibergebnis trägt den Charakter eines Fließtextes, dessen Zweck und Umfang abhängig ist von einer spezifischen Schreibaufgabe, in der sich schreibhandlungsführende kommunikations- und kognitionsbezogene Impulse widerspiegeln. In einem solchen Text dominiert die monologische Dimension des Schreibens, da diese effektive Möglichkeiten der Reflexion bietet. Bei der Textgestaltung orientiert sich der Schreibende an Merkmalen von Textsorten, die für die Aufgabenlösung relevant sind. Das Schreibprodukt kann als dominant fiktionaler oder dominant nichtfiktionaler Text bestimmt werden.

Bei einer Betrachtung der Kompetenzdimension des *Textschreibens* ist zu ergänzen, dass das *Überarbeiten von Texten* als Teilhandlung des Schreibens in der Schreibdidaktik eine besondere Zuwendung erfährt, resultierend aus der Erkenntnis, dass „die reichhaltigen Möglichkeiten für das Überarbeiten" in der Praxis des Schreibens (insbesondere im Deutschunterricht auf den Sekundarstufen) noch nicht hinreichend genutzt werden (vgl. Baurmann 2002 : 100). Damit bleiben Chancen für das Reflektieren über Schreiben und Schriftlichkeit, dessen Bedeutung für die sprachliche Bildung gar nicht hoch genug geschätzt werden kann (vgl. Baurmann 2005 : 5), noch weitgehend ungenutzt. Das *Überarbeiten* wird definiert als „ein auf kognitiven Vorgängen beruhendes Problemlöseverhalten, das versucht, das Missverhältnis zwischen der Intention des Schreibenden und der noch unvollkommenen Realisierung dieser Intention in seinem Text zu überwinden" (Fix 2000 : 4). Damit wird wiederum der *Problemlösungscharakter von Schreibprozessen* unterstrichen.
Als „Grundmuster des Überarbeitens", das zugleich *Teilfähigkeiten des Überarbeitens* abbildet, gilt folgendes (vgl. Baurmann 2002 : 96):

- Identifizieren von Missverhältnissen und Auffälligkeiten im Text,
- Diagnostizieren von Unzulänglichkeiten,
- Revidieren von Textstellen durch entsprechende Operationen.

Die Vielfalt der Modellierungsversuche von Teilhandlungen oder Teilkompetenzen des *Textschreibens* korreliert mit der Vielzahl von *Schreibentwicklungskonzepten* (vgl. Frentz / Frey / Sonntag 2005 : 4 ff.). Keines der - im Folgekapitel noch genauer zu benennenden - Einzelkonzepte wird jedoch der Komplexität des Schreibens und der Schreibkompetenz in vollem Maße gerecht. Als gemeinsame Schnittmenge aller Konzepte erscheint

- die prinzipielle Modellierbarkeit des Textproduktionsprozesses und dessen Zerlegbarkeit in Teilprozesse als Basis für eine entwicklungsbezogene Erlernbarkeit des Schreibens;
- die Vereinbarkeit kognitiver und metakognitiver, kommunikativer und metakommunikativer, sprachproduktiver, sprachrezeptiver und sprachreflexiver, rationaler und emotionaler Aspekte der Schreibbefähigung;
- die Kombinierbarkeit von Prozess- und Produktorientierung und die Nutzbarkeit von Textsorten als Werkzeugen zur Erreichung kommunikativer Zwecke;
- die Lernerbezogenheit aller Schreibaktivitäten als Voraussetzung für eine vom Selbstlernen geprägte Individualentwicklung (vgl. ebenda : 21).

Vorläufig zusammenfassend definieren wir für unsere weiteren Untersuchungen die folgenden Arbeitsbegriffe:

Schreibkompetenz umfasst einen *Fähigkeitskomplex*, der *Teilfähigkeiten* zum Produzieren, Rezipieren und Reflektieren schriftlicher Texte enthält. Sie basiert auf *Wissen* zum Schreibprozess und Schreibprodukt.
Der kompetente Schreibende vermag den Schreibprozess *zielbewusst* zu steuern, indem er die *Schreibfunktionen* (Gedächtnisentlastung, Selbstfindung, Kontaktaufnahme, Erkenntnisgewinnung, Unterhaltung etc.) situationsadäquat realisiert.
Er ist in der Lage, den Schreibprozess *handlungsbewusst* und seine individuellen Dispositionen beachtend in *Phasen* (Orientieren, Informieren, Planen, Formulieren, Revidieren o.Ä.) zu strukturieren. Dabei reflektiert und effektiviert er sein Schreibhandeln.

Er ist fähig, das Schreibergebnis *produktbewusst* zu beurteilen und zu überarbeiten. Er orientiert sich dabei an *Schreibmustern* (Textsorten) und *Schreibkonventionen* (Normen) sowie an der beabsichtigten *Textwirkung*.

Schreibstandards bestimmen den Ausprägungsgrad folgender *Teilfähigkeiten bzw. Teilkompetenzen* des Schreibens:
Zielsetzungskompetenz (Zielbestimmung, Aufgabendekodierung, Selbstmotivierung, Rezipientenantizipation);
Sachkompetenz (Inhaltsbestimmung, Imaginationsentfaltung, Wissensaktivierung, Stoffsammlung);
Strukturierungskompetenz (Informationsselektion, Schreibplanung, Textplanung, Problemlösungsorganisation);
Formulierungskompetenz (Textproduktion, Mediengebrauch, Kohärenzherstellung, Normanwendung);
Überarbeitungskompetenz (Redaktion, Revision);
Reflexionskompetenz (Metakognition, Metakommunikation, Wertung, Beurteilung).

Schreibaufgaben sind selbst- oder fremdgesteuerte *Impulse* zur Auslösung eines Schreibprozesses. Sie dienen aus didaktischer Sicht sowohl der Ausbildung als auch der Überprüfung von *Schreibkompetenz*. Als didaktisches Instrument sollten sie schreibprozess- und schreibproduktbezogene Anforderungen explizit ausweisen, um dem Lernenden eine hinreichende und motivierende *Orientierungsgrundlage* für das Schreiben des Textes zu bieten.

2.4. Schreibkompetenz und Kreativität

Aus den bisherigen Ausführungen zur *Kompetenz*-Diskussion wird deutlich, dass die verstärkten Bemühungen um eine Festschreibung von *Teilkompetenzen* bzw. *Standards* insbesondere den bildungspolitischen Interessen an Leistungssteigerungen in institutionalisierten Lernprozessen geschuldet sind. Dieser Zielaspekt dominiert verständlicherweise auch die *Schreibkompetenz*-Diskussion. Für *Schreibkompetenz* als *Typ sprachlicher Kompetenz* steht die erwähnte Vielzahl von *Teilkompetenzen* im Focus schreibdidaktischen Interesses, über deren Qualifizierung man eine Verbesserung von Schreibleistungen beabsichtigt.

Bei der didaktischen Modellierung von *Schreibentwicklungskonzepten* zeigt sich jedoch eine Polarisierung. Es prallen einerseits kreativ-determinierte und individual-orientierte Schreibentwicklungsabsichten – vornehmlich der Didaktik – auf eine andererseits instrumentalgesteuerte und z.T. algorithmisch-fixierte Vermittlung kognitiver, metakognitiver und motivationaler Komponenten des Schreibprozesses durch die Psychologie.

Als exklusives Konzept der erstgenannten Ausrichtung ist das *Kreative Schreiben* allseits bekannt. Als Teil eines ganzheitlichen Lernkonzeptes (vgl. Frentz / Frey / Sonntag 2005 : 14 ff.) hat es seinen Wert gerade für die Entwicklung von Schreibmotivationen beeindruckend unter Beweis gestellt. Es umfasst Schreiben und Schreibentwicklung auf einer Komplexitätsebene, die dem Charakter dieser Tätigkeiten sehr nahe kommt. Ebenfalls vermag es, Textproduktions- und Lernprozess in effektiver Weise miteinander zu verbinden. In der Ganzheitlichkeit dieses Konzeptes liegt aber auch die Gefahr der Überbetonung des schaffenden Tätigseins und der Vernachlässigung des sprachreflexiven Moments. Hinzu tritt die Konfrontation mit dem norm- und standardorientierten Schreibunterricht, der den ursprünglich beabsichtigten

Siegeszug kreativer Schreibverfahren – zumindest im Bereich der Sekundarstufen – offensichtlich verlangsamt oder gar ausbremst.

Dem stehen die kognitionspsychologisch determinierten Konzepte gegenüber, die Schreiben als eine Problemlösungsaktivität bestimmen, im Rahmen derer sich der Schreibende schrittweise, d.h. planvoll und strukturiert einer Erkenntnis nähert, wobei als Teilprozesse das *Orientieren, Informieren, Planen, Formulieren und Revidieren* favorisiert werden (vgl. dazu ebenda : 4 ff.). Dieses Problemlöseparadigma wird aus kommunikationstheoretischer Sicht erweitert durch die Prononcierung der kommunikativen Funktion des Schreibens: Die Antizipation des Lesers verlangt nach Fähigkeiten des Schreibenden zur Personwahrnehmung, zur Rollenübernahme und zur situationsgebundenen Zwecksetzung des Textschreibens. Prinzipiell greifen somit kognitive, metakognitive, kommunikative und sprachgestalterische Prozesse ineinander. Die unterschiedlichen, spezifische Handlungsstränge benennenden Modellierungen in diesem Kontext fassen wir unter dem Begriff *Kognitives Schreiben* zusammen.

Als ein aktuelles schreibpsychologisch determiniertes Konzept sei das *Selbstregulatorische Aufsatztraining* (vgl. Glaser 2004) genannt, das die instrumentelle Steuerung von Schreiblernprozessen in hohem Maße ausdifferenziert. Mittels eines algorithmisierten Programms zur Förderung der Schreibkompetenz von Grundschülern wird nachgewiesen, dass eine Kombination aus schreibstrategischen und selbstregulatorischen Trainingselementen zur nachhaltigen Förderung von Schreibleistungen führt. Diese „selbstregulatorischen Fähigkeiten" wie strategisches Planen, Zielsetzung, Selbstkontrolle, Selbstbewertung und Selbstkorrektur (vgl. ebenda : 13), die wir auch aus der *Schreibstandard*-Diskussion kennen (vgl. Kap. 2.3.), bilden kognitive und metakognitive Teilfähigkeiten ab, die die schriftsprachlichen Leistungen von Lernenden unterstützend begleiten und eine höheren Qualität von „Aufsätzen" implizieren.

Dieser kognitionspsychologische Ansatz unterstreicht einmal mehr die Bedeutsamkeit des *Metakognitiven Konzepts* (vgl. Frentz / Frey / Sonntag 2005 : 8 ff.) im Rahmen einer prozessorientierten Schreibdidaktik. Es zeigt sich, dass zusätzliche Handlungen, die auf die Steuerung des Vorgehens beim eigenen Schreiben gerichtet sind, der Entwicklung von Schreibkompetenz dienlich sind. Metakognitive Strategien des *Planens, Überwachens* und *Steuerns* vermögen die Effizienz kognitiver Strategien beim Textproduzieren zu steigern.
Unser Verständnis von *Metakognition* entspricht auch im Kontext der Schreibentwicklung basalen kognitions- und entwicklungspsychologischen Bestimmungen:
„Unter *Metakognition* (Kognition über Kognition) versteht man das Wissen über kognitive Zustände und Prozesse sowie die Fähigkeit, die eigenen Kognitionen überwachen und regulieren zu können" (Lockl / Schneider 2007 : 255).
Da dieser Begriff meist im Zusammenhang mit Lern- und Problemlösungsprozessen gebraucht wird, ist er für unseren Untersuchungsbereich relevant. Er stellt ein breit gefasstes Konstrukt dar, das sowohl („deklaratives") Wissen über eigene und fremde geistige Aktivitäten einschließt als auch Wissen über die Anforderungen kognitiver Aufgaben und die Bedeutung von Strategien zur Aufgabenlösung. Zudem beinhaltet es („prozedurale") Überwachungsaktivitäten und die Selbstregulation der eigenen kognitiven Aktivitäten (vgl. ebenda). Entwicklungspsychologische Befunde verweisen auf Entwicklungsveränderungen im prozeduralen Bereich durch „das mit zunehmenden Alter immer bessere Zusammenspiel zwischen Überwachungs- und Selbstregulationsvorgängen" (ebenda : 262). Solche Veränderungen bieten Chancen auch für didaktisch-methodische Interventionen in Schreibentwicklungsprozessen.
Allerdings wird das grundsätzliche Problem des „Metakognitiven Konzepts", nämlich die Abgrenzung zwischen Kognition und Metakognition und damit die gezielte Einflussnahme

auf metakognitive (selbstregulatorische) Operationen, auch durch das o.g. „Aufsatztraining" nicht gelöst.

Es bleibt aber die Erkenntnis, dass eine kombinierte Ausbildung motivationaler, kognitiver und metakognitiver Komponenten einen Zuwachs an Schreibleistungen zulässt (vgl. Glaser 2004; Glaser / Brunstein 2007). Das stößt in der Schreibdidaktik auf Konsens; die Absicht, das Schreiben von „Aufsätzen" zu „trainieren", jedoch weniger. Das ist zum einen der zunehmenden Zurückhaltung im Gebrauch der Benennung „Aufsatzunterricht" geschuldet. Moderner, prozessorientierter Schreibunterricht vermeidet die traditionelle und konservative Hypertrophierung des Schreibproduktes „Aufsatz" und wendet sich mehr dem Gestalten differenzierter Texte zu, was sich schon in der Bezeichnung des Lernbereichs „Schriftlicher Sprachgebrauch" widerspiegelt (vgl. Frentz 2006 : 667 ff.). Auch das algorithmisierte „Training" vermittelt augenscheinlich einen begrifflichen Kontrast zum didaktisch favorisierten Ganzheitlichkeitsansatz, so gerade beim „Kreativen Schreiben". Zudem sind sich die Verfechter des selbstregulierten Schreibtrainings der Probleme einer unterrichtspraktischen Nutzung im „Regelunterricht" bewusst. Sie erkennen die Notwendigkeit von „Anpassungen" allein schon auf der lehrpersonalen Ebene: Es fehlt an „eigens ausgebildeten Lerntrainerinnen für Kleingruppen" (Glaser / Brunstein 2008 : 379). Außerdem ist zu überdenken, wie nicht nur Schülerinnen und Schüler mit Schreibschwierigkeiten durch solche Programme gefördert werden können, sondern welche Modifikationen ebenso für entwickelte Schreiberinnen und Schreiber möglich wären.

Aber auch der kreative Ansatz ist – wie bereits erwähnt – nicht unproblematisch. Empirische Untersuchungen belegen, ebenfalls bei Grundschülern durchgeführt, dass eine Ausschließlichkeit kreativer Verfahren und Techniken zur verzögerten Schreibentwicklung bei Lernenden führen kann (vgl. Winter 1998). Weiterhin scheint „Kreatives Schreiben" als eine Art „Kampfbegriff" mit inflationärem Gebrauch alles andere Schreiben als „unkreativ" zu denunzieren (vgl. Abraham 1998 : 34).

Hinzu kommt, dass sich in der aktuellen schreibdidaktischen Diskussion eine Wende zu einer neuen, „mehr normativ orientierten Schreibdidaktik" (Wilczek 2008 : 6) abzeichnet, im Zuge derer die *Arbeit mit und an Textmustern* immer mehr an Bedeutung gewinnt (vgl. Wilczek 2008, U. Fix 2005, Adamzik / Neuland 2005, Becker-Mrotzek 2005). Diese Tendenz korrespondiert mit curricularen Festlegungen in Deutschlehrplänen sowie standardisierten Aufgabenformaten in zentralen Tests, in denen der Umgang mit Textmustern als ein wesentlicher Lern- bzw. Kompetenzbereich ausgewiesen wird.
Der Begriff des *Textmusters* verweist auf standardisierte und durch Konventionen festgelegte Aufbauprinzipien, die ein Sprecher bzw. Schreiber für die Produktion formalisierter Texte benötigt. Entsprechendes Wissen hilft ihm bei der Bewältigung alltäglicher Lebenssituationen. *Textmusterwissen und –können* ist im Deutschunterricht traditionell relevant bei der Lösung sachorientierter Darstellungsaufgaben, also bei der Anfertigung von Beschreibungen, Inhaltsangaben und Interpretationen literarischer Texte (vgl. Wilczek 2008 : 5). Der letztgenannte Aufgabenbereich markiert die Schwellenproblematik bezüglich der Anwendbarkeit von Textmusterwissen bei der Rezeption und Produktion literarischer, also fiktionaler Texte. Das schließt die Diskussion um den Stellenwert kreativer Aufgaben bzw. Texte in der Schreibdidaktik ein. Hier erkennt man die relative Begrenztheit musterhaften Verhaltens, sieht sie aber nicht als Hindernis, sondern als Chance auf dem Weg zu einer notwendigen Normorientierung beim Schreiben, die den vermeintlichen Paradigmenwechsel einläutet: Die zunehmende Marginalisierung kreativer Aufgabenstellungen und die Prononcierung reproduktiver und umorganisierender Aufgabenformate in standardisierten Prüfungen erfordern die (Wieder-) Besinnung auf die zu entwickelnde und zu überprüfende Beherrschung gesell-

schaftlich relevanter Textmuster. Dabei sollte der konstruktive Umgang mit Textmustern aber nicht in einer Opposition zum Rezipieren und Produzieren von kreativen Texten gesehen werden, sondern als eine schreibförderliche Komponente der Könnensentwicklung:

„Gerade der Umgang mit Normierungen und Mustern schärft den Blick für kreative Abweichungen und Erweiterungen" (ebenda).

Somit bestehen die Vorteile der Arbeit an Textmustern in:

- der besonders hohen Motivationskraft,
- dem Ermöglichen eines abgestuften, prozessorientierten Arbeitens,
- der Ableitung klarer Schreibaufgaben,
- der Gestaltung individueller Schreibfördermaßnahmen,
- dem Erschließen kreativer Erkenntnis- und Gestaltungsräume (vgl. ebenda).

Ebenso oft verwendet, aber recht unscharf abgegrenzt erscheint in dieser Diskussion der Begriff der *Textsorte*. Hier sind textlinguistische Bestimmungsversuche hilfreich. Ausgehend von der Grundthese:

„Sprache kommt überhaupt nur in Texten vor, und jeder Text gehört notwendigerweise zu einer Textsorte" (Adamzik / Neuland 2005 : 2),

gilt die Erkenntnis, dass sowohl *Texte* als auch *Textsorten* als „prototypische Konzepte" (ebenda : 5) zu betrachten sind, die komplexe sprachliche Handlungen determinieren. Während das *Textmuster* ein „globales kognitives Konzept" assoziiert, dem „man bei der Textproduktion folgt und mit dem man vorliegende Texte ... intuitiv vergleicht", bezieht sich die *Textsorte* eher auf eine „Sortierungs-Operation", also auf „den Prozess und das Ergebnis von Klassifizierungen" von Texten (ebenda: 6). Parallel zum Begriff und zur Bedeutung des *Textmusterwissens* wird die didaktische Forderung nach einer stärkeren Orientierung der Lernprozesse am *Textsortenwissen* erhoben, mehr noch, es geht um die Ausbildung von *Textsortenbewusstsein* (vgl. ebenda : 11) und darüber hinaus von *Textsortenkompetenz* (vgl. Augst et al. 2007). Das Wissen und Bewusstsein von Textsorten und die Fähigkeit, textsortenadäquat zu agieren wiederum ist nur über das Bewusstmachen von Textmustern zu erlangen (vgl. U. Fix 2005 : 16).

Becker-Mrotzek verweist zurecht auf die theoretischen Schwierigkeiten bei der Systematisierung von Textsorten und unterbreitet aus didaktischer Sicht den Vorschlag, zwischen „basalen" und „komplexen" Textsorten zu unterscheiden: Zu den basalen zählt er die relativ einfachen kognitiven Konstrukte des Beschreibens, Erzählens, Anweisens und Begründens, die der „Realisierung unmittelbarer, grundlegender kommunikativer Bedürfnisse" dienen, während zu den komplexen – wie zum Argumentieren – eher zusammengesetzte sprachliche Handlungen gehören, „die sich auf komplexe Konstrukte beziehen und aus mehreren, zumeist unterschiedlichen sprachlichen Handlungsformen bestehen" (Becker-Mrotzek 2005 : 70).

Aus dieser sehr notwendigen Diskussion um die Funktion von Textsorten und –mustern in Schreibentwicklungsprozessen resultiert auch unsere Benennung eines weiteren schreibdidaktischen Konzeptes: das *Textmusterorientierte Schreiben*. Auch wir sehen im Wissen und Können um *Textmuster und –sorten* wesentliche Voraussetzungen für eine gelingende Rezeption und Produktion basaler und komplexer, nicht fiktionaler und fiktionaler Texte. Mit Bezug auf die Entwicklung von Schreibkönnen vermag unter dominant rezeptiven Aspekt die Identifizierung einer *Textsorte* den Orientierungsrahmen für das Erlangen von Textverständnis bilden. Der Lesende und Schreibende erkennt Texte an ihren situativen, kommunikativen und strukturellen Merkmalen, klassifiziert und interpretiert sie und leitet schließlich Maßnahmen für ein textsortengemäßes Formulieren eigener Texte ab. Die dominant (schreib-)produktive Komponente dieses Prozesses wird eher durch das *Textmuster* repräsentiert: Der Schreibende erkennt (in Anlehnung an Adamzik / Neumann 2005) im Textmuster ein kognitives Konzept für die Herstellung eigener Texte. Dabei kann er sowohl das Muster einfach reproduzieren bzw. themen- und situationsspezifisch modifizieren, was sicherlich im basalen Textsortenbereich zu genügen vermag, als auch in kreativer Weise mit Mustern und Musterabweichungen

experimentieren und damit komplexere Texte – mit einer eventuell fiktionalen Intention – produzieren.
Bei der Gestaltung textmusterorientierter Schreiblehr- und Schreiblernprozesse sollten folgende didaktisch-methodische Forderungen erfüllt werden:
Textsortengemäßes und *textmusterorientiertes Schreiben* darf sich nicht im Reproduzieren vorgegebener Schemata erschöpfen. Andererseits bedeutet *kreatives Schreiben* nicht eine von allen Mustern unabhängige Sprachgestaltung (vgl. Adamzik / Neuland 2005 : 6).
Die eher normativ determinierte Textmusterorientierung ist mit dem motivational bedeutsamen kreativen Schreibkonzept so zu verbinden, dass die Lernenden die pragmatische Vielfalt von Textproduktionsprozessen erleben und erfahren (vgl. auch Wilczek 2008 u. U. Fix 2005).
Im Deutschunterricht sollten „authentische Textsorten", die mit „realistischen, sozial eingebetteten Schreibaufgaben" verbunden sind, an Bedeutung gewinnen (Becker-Mrotzek 2005 : 73).
Das Konzept eines *Textmusterorientierten Schreibens* erweist sich für unsere Schreibentwicklungsziele aus folgenden Gründen als bedeutsam: Zum einen orientiert es auf ein ausgewogenes Verhältnis zwischen den beiden wesentlichen Teilkomponenten des Schreibkönnens, nämlich dem textwissenbasierten, d.h. textnorm- und textmusterbezogenen Gestalten von Schriftsprache, sowie dem kreativen Umgang mit Normen und Mustern in differenzierten Schreibkontexten. Zum anderen befördert es durch bevorzugte Nutzung
authentischer Schreibanlässe die Lösung identitätsrelevanter Schreibaufgaben sowohl im standardisierten Textsortenbereich (Lebenslauf, Bewerbungsschreiben etc.) als auch im kreativ-fiktionalen Textsortenbereich (Erzählung, Fiktion etc.). Nicht zuletzt eröffnet es weitere Chancen für eine schreibentwicklungsförderliche Balance zwischen der Prozess- und Produktorientierung in der Schreibdidaktik.

Eine solche Textmusterorientierung im Rahmen des Schreibens lässt Beziehungen zur Entwicklung von *Textkompetenz* erkennen. Der didaktische Wert dieses aktuellen Begriffs im Kontext der Ausbildung und Überprüfung von sprachgestalterischen Teilkompetenzen wird sehr hoch geschätzt:
„Ja, diesen neuen Begriff brauchen wir – und es ist schade, dass wir ihn nicht schon seit Langem haben. Denn dieser Begriff erlaubt es, bekannte Phänomene des Sprachgebrauchs und des Unterrichts aus einer neuen und interessanten Perspektive zu sehen"
(Portmann-Tselikas / Schmölzer-Eibinger 2008 : 5).
Wenngleich *Textkompetenz* der Schriftlichkeit nahe steht, so umfasst er doch auch die Mündlichkeit der Textgestaltung sowie das Rezipieren und Reflektieren von Texten beider Realisationsformen von Sprache. Diese Variante eines Kompetenzbegriffes wird ebenfalls in ihre Dispositions- und Beobachtungskomponente differenziert:

„"Textkompetenz" ist der zentrale Begriff, den wir bei der Beurteilung der sprachlichen und kognitiven Leistungen in einer bestimmten Situation verwenden, und wenn es darum geht, zu beurteilen, welche Leistungen erbracht werden müssen, um den jeweiligen Ansprüchen gerecht zu werden" (ebenda : 6).

Legt man der Modellierung von textbezogenen Lernprozessen diese Perspektive zugrunde, dann öffnet sich ein Weg von „Kommunikativen Basiskompetenzen" hin zur „Textkompetenz" auf der Grundlage von „vier prototypischen Formen des Umgangs mit Sprache" (ebenda):

Die thematisch an der „Welt des Alltags" orientierte, dialogisch organisierte mündliche und schriftliche Kommunikation in Form von Gesprächen, Notizen, SMS und anderen relativ un-

strukturierten und spontanen Äußerungen stellt den Ausgangspunkt sprachlicher Entwicklung dar.
In immer noch alltagsorientierten und dialogisch organisierten, aber stärker textuell geformten Texten (Alltagserzählungen, Kurzgeschichten, Märchen etc.) bemühen sich Sprechender und Schreibender um das Produzieren von zusammenhängenden Äußerungen, die eine Hörer- bzw. Leserperspektive einschließen.
Mit zunehmender Orientierung an der „Welt des systematisierten Wissens“ entstehen Texte, die „textuell durchformt“ und dialogisch ausgerichtet sind (Interviews, Befragungen, Notate etc.) und nunmehr auf das Erhellen von Ursachen, Hintergründen und Zusammenhängen zielen.
Der Endpunkt sprachlicher Entwicklung erscheint in der Textkompetenz erreicht: Der Lernende besitzt die Fähigkeit, sprachbasiert zu denken und dabei Wissen unabhängig von mittelbaren Erfahrungen und Erlebnissen textuell in Vorträgen und Sachtexten zu strukturieren (vgl. ebenda : 9).

Vergleicht man diese „prototypischen Formen“ von Textkompetenz mit der Modellierung von *Schreibentwicklungsstadien* (vgl. Interpretationen des Modells von Bereiter 1980 bei Baurmann / Ludwig 1986, Baurmann 2002, Blatt / Ramm / Voss 2009), so stellt man Parallelitäten fest: Die „prototypischen Formen“ der Textkompetenz korrelieren auf der 1. Stufe mit dem *assoziativen Schreiben*, auf den Stufen 2 und 3 mit dem *leserbezogenen* und dem *textgestaltenden Schreiben* sowie auf der Stufe 4 mit dem *epistemischen Schreiben*. Eine vergleichbare methodische Modellierung erfährt man aus fremdsprachdidaktischer Sicht in einem „3-Phasen-Modell zur Förderung von Textkompetenz“ (vgl. Schmölzer-Eibinger 2008 : 28 ff.):

- Die Phase der „Wissensaktivierung“ dient dem Aufruf von Gedanken, Assoziationen, Erfahrungen und Kenntnissen der Lernenden zu einem Thema. Als besonders geeignet hierfür erscheinen die Methoden des assoziativen Sprechens und Schreibens.
- Die Phase der „Arbeit an Texten“ bildet als Kernbereich dieses Modells Gelegenheit, Texte in verschiedenen Kontexten und aus verschiedenen Perspektiven wahrzunehmen, zu reflektieren, zu rekonstruieren, zu überarbeiten oder neu zu konstruieren. Zudem selektieren die Lernenden Informationen, abstrahieren und verknüpfen textbezogene Erkenntnisse.
- In der Phase der „Texttransformation“ werden nach den vornehmlich rekonstruktiven Aktivitäten Texte aus ihren ursprünglichen Kontexten herausgelöst und in neue, übergeordnete Zusammenhänge transferiert. Dazu analysieren und interpretieren die Lernenden deren Sinnstrukturen und verwenden diese als Impulse für die Konstruktion neuer Texte.

Doch kommen wir noch einmal zurück zum Begriff der *Textkompetenz*: Bei der Debatte um diesen Begriff spielt ein weiterer Begriff eine Rolle, nämlich der der *Stilkompetenz*.

Stilkompetenz erkennen wir als einen Bestandteil von Textkompetenz und als solche eine „Fähigkeit, Texturen stilistisch adäquat, d.h. den jeweiligen Handlungszielen und anderen situativen Vorgaben entsprechend und damit kommunikativ effizient zu formulieren“ (Weidacher 2007 : 48). Der Begriff zeigt – über die Determinante des *Stils* – eine direkte Verbindung zu *Kreativität*:

„*Kreativität* ist eine Grundvoraussetzung für das Entstehen und das Erfassen von Stil“ (Fuchs / Störl 2008 : 8).

Das bedeutet, dass sowohl der Erzeuger als auch der Empfänger von Stil in schöpferischer Weise mit Sprache umgeht und erkennt:

„Kreativität erzeugt *Variation*“ (ebenda).

Gerade die Auswahl von Variationen in der Textgestaltung ist es, die dem Schreibenden einen *Individualstil* ermöglicht. Dieser bezeichnet eine ganz persönlichen Schreibart, eine „unverwechselbare Note in der sprachlichen Gestaltung, und zwar eine solche, die wiederum nicht beliebig und punktuell erfolgt, sondern eine Konstante erkennen lässt“ (Eroms 2008 : 34).
Diese Auswahl von Variationen setzt jedoch Bewusstheit im Umgang mit Sprache voraus, verlangt also nach Sprachwissen, das – wie bereits beschrieben – Textsorten- und Textmusterwissen einschließt. Kreativität im Umgang mit Textsortenwissen beruht auf der Einsicht, dass es Freiheiten und Handlungsspielräume bei der Textgestaltung gibt, „die zwischen den Normen einer Textsorte und der konkreten Realisierung eines Textes als Textexemplar einer Textsorte angesiedelt sind“ (Schiewe 2008 : 18).

Stil bzw. *Stilkompetenz* bezeichnen demnach die Möglichkeit bzw. Fähigkeit des Textproduzenten, „sich auf der Grundlage eines Textsortenwissens für je eine konkrete Realisierung eines Textes im Rahmen der Normen von Textsorten zu entscheiden“ (ebenda).
Auch hier zeigt sich die Balance zwischen Strukturiertheit, Systematik und Normiertheit einerseits sowie Flexibilität, Intuition und Imagination andererseits, die Kreativität und Kreativitätsentwicklung im Allgemeinen bedingt (vgl. Kap. 2.2.).

Für die Entwicklung von *Stilkompetenz* im Besonderen und im didaktischen Kontext bedeutet das, die Lernenden zu einer solchen Balance im Rahmen von Textgestaltungsaktivitäten zu motivieren und zu befähigen. Damit können Voraussetzungen zur Ausbildung eines *Individualstils* geschaffen werden, der sich wiederum als Bestandteil ihrer Individualität und damit als Kennzeichen von Identität erweist. Auf dem Weg zu einem Individualstil lernen die Heranwachsenden, ihrer Einzigartigkeit mittels der Sprachverwendung - auch und gerade schriftlich - Ausdruck zu verleihen. Sie erlangen dadurch einen Zustand, den man in der Philosophie als „Authentische Identität“ und in der Literaturwissenschaft - natürlich mit Blick auf den Literaten - als „Literarische Authentizität“ bezeichnet (vgl. Schlich 2002).
Die Diskussion des Begriffes *Authentizität* ist mit der „Aura von Echtheit, Wahrhaftigkeit, Ursprünglichkeit, Unmittelbarkeit, Eigentlichkeit“ umgeben, die den Begriff „zu einem erfolgreich eingesetzten Markenartikel und Emblem“ werden ließ (Knaller 2006 : 17). Deshalb und aufgrund seiner Unschärfe verwenden wir ihn im Rahmen unserer Untersuchung zwar nicht weiter, wollen jedoch die erstrebenswerte „Subjektauthentizität“ (ebenda: 21) als Element eines „freien Selbstseins“ (Luckner: 9) auch als Entwicklungsziel unserer schreibdidaktischen Bemühungen anerkennen. Deshalb sehen wir in einem individuellen Schreibstil ebenfalls einen Ausdruck von Authentizität und Identität. So spielt im Kontext der Identitätsentwicklung Heranwachsender die Authentizität bei der Beschreibung des Selbst eine gewichtige Rolle:

„Ich bin authentisch dann, wenn ich meiner Seinsmöglichkeiten gewahr werde und im Horizont dieser meiner Seinsmöglichkeiten dann die konkreten Handlungsoptionen bestimmen kann“ (ebenda: 20).

Angesichts dieser – hier nur skizzierten - begrifflichen und konzeptionellen Vielfalt in der schreibdidaktischen Diskussion erheben sich folgende Fragen:

Wie ist im Rahmen solcher Polarisierungserscheinungen ein Gleichgewicht zwischen Offenheit und Gebundenheit, zwischen der Freiheit in der Wahl prozessualer und sprachlicher Mittel und der Reglementierung schreibphasengebundenen Vorgehens zu erreichen?

Wie ist eine sinnvolle Kombination unterschiedlicher konzeptioneller Elemente in der Vielfalt von Textgestaltungsprozessen herbeizuführen?
Welches Instrumentarium ist aus schreibdidaktischer und kognitionspsychologischer Sicht akzeptabel?

Zur Beantwortung dieser Fragen bedarf es noch weiterführender Untersuchungen.
Zunächst scheint es sinnvoll, wiederum auf die Diskussion des *Kreativitäts*-Begriffs zurückzukommen (vgl. Kap. 2.2.). Hier hatten wir festgestellt, dass es bei der Gestaltung sprachbezogener Lernprozesse auch auf die Ausbildung von *Kompetenz zur sprachlichen Kreativität* ankommt und diese wiederum der wiederholt erwähnten Balance zwischen Strukturiertheit – im Sinne von Bewusstheit, Normiertheit und Systematik – sowie Flexibilität – im Sinne von Intuition und Spiel – bedarf.
Bezogen auf die Organisation von Schreibentwicklungsprozessen bedeutet das, „die Balance zu finden zwischen Schreiben als Zeigen und Modellieren und Schreiben als Wachsenlassen" Berning 2001 : 359). Die *Entwicklung von Schreibkompetenz* sollte sich somit in einem Unterricht vollziehen, der ein ausgewogenes Verhältnis zwischen textsortenadäquatem, strategischem sowie imaginativem, experimentellem Schreiben gestattet.

Da in der gegenwärtigen bildungspolitischen Debatte die berechtigten Forderungen nach Leistungssteigerungen gerade mit Bezug auf die Kulturtechniken Lesen und Schreiben mit besonderem Nachdruck erhoben werden, scheint es notwendig, die kreativitätsbezogene Seite von Schreiben und Schreibentwicklung nicht zu vernachlässigen, sondern unter spezifischen Wirkungsaspekten zu stärken.
Ein wesentlicher Aspekt besteht in der potenziellen Förderung von Identität und Authentizität des Schreibenden. Schreibdidaktische und schreibtherapeutische Befunde stützen diese Annahme:

Kreatives Schreiben mit direktem Bezug zu Erfahrungen, Erlebnissen, aber auch Wünschen und Erwartungen von Schreibenden trägt zur „Entkrampfung des schulischen Schreibens" bei und eröffnet völlig „neue Dimensionen des Erkennens":
„Schreiben ermöglicht eine Reflexion des Erlebten und Erfahrenen, Schreiben ermöglicht auch eine Relativierung aller Erfahrungen, es führt zur Selbsterkenntnis und trägt damit zur Persönlichkeitsfindung bei" (Maxlmoser 1995 : 155).
Eine Befragung von 2300 Teilnehmern eines bundesweiten Schreibwettbewerbs für Kinder und Jugendliche im Alter von 8 – 20 Jahren belegte, dass kreatives Schreiben bei älteren Schülern bzw. Jugendlichen eine „Freizeitaktivität von hoher psychohygienischer Relevanz" (Urban 2004 : 175) darstellt. Das unterstreicht die wachsende Bedeutung des kreativen Schreibens für die Bewältigung täglicher Probleme:
„Eine große Gruppe von Schreibern schreibt in der Tat nur für sich selber, sie schreiben ihre Texte nicht für andere oder um ihnen Freude zu machen, auch wenn sie sich um eine gute sprachliche Gestalt oder Form bemühen" (ebenda : 178).
Bei Befragungen von 300 Studierenden der Universität Erfurt zu ihrer Schreiberbiografie stellte sich heraus, dass 55% der Befragten die Hauptbedeutung des Schreibens in der Beförderung ihrer Persönlichkeitsentwicklung sahen. Innerhalb dieser Gruppe wurden als Hauptfunktionen des Schreibens die Wirkungen der psychischen Entlastung an erster Stelle sowie der Selbstfindung und des Selbstausdrucks an zweiter Stelle genannt (vgl. Frentz / Frey / Sonntag 2005 : 26 ff.).
Internetauftritte von Schreibberatungsinstitutionen werben Interessenten mit Hinweisen auf die Chancen kreativen Schreibens für das Versichern eines „kontinuierlichen Ichseins" und für die erfolgreiche Suche nach „Sinn und Bedeutung des Lebens". Von besonderem Wert

erscheint das „Biografische Schreiben" als „ein Akt der Selbstfindung durch Selbstschöpfung" (Berliner Schreibberatung).

Auch die Bildungsadministration betont die curricularen Elemente, die der Persönlichkeitsentwicklung Heranwachsender in besonderer Weise dienen. Als Beispiel sei wiederum der *Thüringer Lehrplan Deutsch für Regelschulen und Gymnasien* genannt, in dem im Zusammenhang mit dem Leitbegriff der „Kommunikativen Handlungsfähigkeit" die „Auseinandersetzung mit dem eigenen Ich, dessen Haltungen und Handlungen" (Deutsch. Lehrplan 1999 : 10) prononciert erscheint (siehe auch Kap. 2.2.).

Befunde solcher Art sprechen für die Annahme, dass eine *Kreativitätskompetenz* als eine wichtige *Teilkompetenz* der umfassenden *Schreibkompetenz* (im Sinne einer *‚Schreibkreativität'*) anzusehen ist und darüber hinaus eine exponierte Bedeutung auch für die Selbstfindung Lernender bzw. Schreibender im Rahmen ihrer Identitätsentwicklung hat.

2.5. Schreibkompetenz und Identität

Die Hinweise auf Potenzen des Schreibens und der Schreibentwicklung für die Ausprägung der Individualität und Identität des Schreibenden bieten hinreichenden Anlass für einen soziologisch und psychologisch determinierten Exkurs zu den Charakteristika von Identität und Identitätsentwicklung.

Bezüglich der definitorischen Bestimmung des tragenden Begriffes *Identität* stehen wir vor einer ähnlichen Situation wie in den vorangegangenen Kapiteln. Nicht nur *Kompetenz* und *Kreativität* lassen sich schwer fassen, auch *Identität* erweist sich als ein „Begriff für alles Mögliche" (Kaufmann 2005 : 93), dessen Gebrauch vor einigen Jahrzehnten plötzlich explodierte (vgl. ebenda: 17) und dessen Konjunktur in der Alltagssprache und in den Geisteswissenschaften ungebrochen ist (vgl. Reinhardt 2006 : 9).

Betrachtet man *Identität* aus soziologischer Sicht, so erscheint sie als ein Konstrukt mit dreifachem Anspruch (vgl. Abels 2006 : 16):

Erstens zeigt sich Identität in dem Anspruch, ein *Individuum* zu sein bzw. durch die Auswahl bestimmter Rollen in differenzierten sozialen Kontexten als solches wahrgenommen zu werden (vgl. Kaufmann 2005 : 76).

Zweitens erfasst Identität des Anspruch, seine eigene *Individualität* ausbilden und zeigen zu können, um damit das „Gefühl von Einzigartigkeit" (vgl. Abels 2006 : 156) zu erlangen.
Individualität ihrerseits ist ebenfalls dreifach determiniert (vgl. ebenda : 21 u. 43), nämlich durch
das Bewusstsein der subjektiven Besonderheit, mit der man sich als Individuum von anderen Individuen unterscheidet,
die objektive Besonderheit, die sich im tatsächlichen individuellen Verhalten widerspiegelt,
das Bedürfnis, seine Einzigartigkeit zum Ausdruck zu bringen.

Drittens bedeutet Identität den Anspruch des Individuums, in den Besonderheiten und Bedürfnissen anerkannt und geachtet zu werden.

Identität beschreibt keinen Zustand, sondern einen lebenslangen Prozess:

„Identität ist andauernde Arbeit an einem Bild, wer wir sein wollen" (ebenda : 16).

Zugleich wird angenommen, „dass man Identität verändern kann, genauso wie man sie verlieren kann" (Reinhardt 2006 : 20).

Die *Identitätsfindung* wird geleitet von der Hauptfrage „Wer bin ich?" (vgl. Alsaker / Kroger 2007; Abels 2006).
Um diese Frage beantworten zu können, muss sich das Individuum 4 Unterfragen stellen (vgl. Abels 2006 : 16 u. 245 ff.):

„Wie bin ich geworden, was ich bin?"
Das ist die Frage nach der eigenen Biografie. Der Fragende strebt nach Erklärungen, warum er in einer bestimmten Weise handelt und wo die Wurzeln seines Handelns liegen. Dabei definiert er die Ziele seines Handelns immer wieder neu (vgl. ebenda : 245). Er ist auf der Suche nach seiner „biografischen Identität" (vgl. Kaufmann 2005 : 157). Diese Suche schließt das „Spiel mit Identitätsentwürfen" ein, d.h., das Individuum geht aus sich selbst heraus, um sich neu bzw. anders zu erfinden und zu erproben (vgl. ebenda: 271).

„Wer will ich sein?"
Diese Frage ist eng mit der erstgenannten verbunden. Das Individuum versucht, seine Vergangenheit mit der Gegenwart in einer sinnvollen Ordnung zu halten sowie seine Zukunft planvoll anzugehen (vgl. Abels 2006 : 247). Es schafft sich über das Konstruieren immer neuer Entwürfe ein Bild von sich in einer für möglich gehaltenen Zukunft.

„Was tue ich?"
Mit dieser Frage reflektiert das Individuum seine „soziale Rolle" (vgl. ebenda : 248), die es in einem aktuellen Handlungsraum spielt. Die Antwort erfolgt unter Beachtung der Relation zwischen der besonderen Rolle in einem situationsspezifischen Kontext sowie den entsprechenden allgemeinen Erwartungen der Gesellschaft an diese Rolle. Eng verbunden mit dieser Frage ist die Erwartung an das Individuum, seine Rolle flexibel an die jeweilige Situation anzupassen.

„Wie sehen mich die anderen?"
In der Beantwortung dieser Frage erweist sich Identität als das „Bewusstsein des Bildes, das andere von uns haben" (ebenda). In der Wahrnehmung dieses Fremdbildes strebt das Individuum nach Anpassung an sein Selbstbild, also an das Bild seiner Rolle, die es in einer aktuellen Situation spielt.

Aus der Differenziertheit dieser identitätsbildenden Fragen bzw. Aspekte erwächst die Erkenntnis, das man nicht von *der* Identität sprechen kann, sondern immer nur von *einer* Identität, wie sie zu der aktuellen Situation passt (vgl. ebenda : 249).
Reflektiert das Individuum seine Identität in der Auseinandersetzung mit anderen in spezifischen Handlungskontexten, beantwortet es also die o.g. Fragen, so vermag es ein „reflexives Selbstbewusstsein" oder auch eine „Ich – Identität" zu entwickeln (vgl. ebenda : 268 ff.). Eine solche Ich – Identität ist somit das Bewusstsein des Individuums von sich selbst im Gefüge der gesellschaftlichen Strukturen, unter denen es denkt und handelt.

Die folgende Definition fasst die skizzierten Elemente zusammen:

„Identität ist das Bewusstsein, ein unverwechselbares Individuum mit einer eigenen Lebensgeschichte zu sein, in seinem Handeln eine gewisse Konsequenz zu zeigen und in der Auseinandersetzung mit anderen eine Balance zwischen individuellen Ansprüchen und sozialen Erwartungen gefunden zu haben“ (Abels 2006 : 254).

Das genuine entwicklungspsychologische Interesse richtet sich auf die Ausbildung von Identität, also auf die Suche nach dem eigenen Ich.
Identität als psychologischer Begriff beschreibt ein bewusstes „Gefühl der eigenen Einmaligkeit“ sowie ein unbewusstes „Verlangen nach Kontinuität über die Zeit“ (Alsaker / Kroger 2007 : 372):

„Ein optimales Gefühl von Identität geht mit einem Gefühl psychosozialen Wohlbefindens einher und äußert sich unter anderem dadurch, dass eine Person sich im eigenen Körper zuhause fühlt, klare Repräsentationen über die Zukunft hat und Vertrauen haben kann, dass sie dafür Anerkennung von signifikanten Anderen erhalten wird“ (ebenda).

Die Adoleszenz wird als die zentrale Lebensphase für die Ausprägung von Identität angesehen. Hier werden die Weichen für die weitere Entwicklung gestellt. Der Heranwachsende verlässt allmählich primäre gesellschaftliche Beziehungen und bereitet sich „auf zweckgerichtete, ihn nur in bestimmten Rollen *beanspruchende* gesellschaftliche Beziehungen vor“ (Abels 2006 : 278). Er trifft Entscheidungen, wie zum Beispiel im Hinblick auf die *Berufswahl,* und experimentiert mit verschiedenen Erwachsenenrollen und Werten für seine zukünftige Lebensführung. Er durchkämmt unter biografischen Aspekten seine bisherigen Identifikationen und filtert die Werte heraus, die er beibehalten will. Für diesen Prozess der *Identitätsentwicklung* favorisiert man die „erarbeitete Identität“ (vgl. Alsaker / Kroger 2007 : 374 ff.): Über die Suche und Auswertung selbstrelevanter Informationen sowie über das Experimentieren mit verschiedenen Aktivitäten sucht der Jugendliche das Gefühl zu erlangen: „Dieses bin ich!“ (vgl. ebenda : 376). Die „erarbeitete Identität“ verschafft dem Jugendlichen den Vorteil, gegen Leistungsdruck weitgehend resistent zu sein, eine größere Ausdauer zu entwickeln und offen für Neues zu bleiben (vgl. ebenda : 374).
Die „Identitätsarbeit“ Heranwachsender ist über Prozesse der Selbstbeschreibung und Selbstdefinition eng verbunden mit der Entwicklung eines *Selbstkonzeptes.* Ein positives oder negatives Selbstkonzept hat weit reichende Auswirkungen auf die sozialen Beziehungen einer Person, auf ihr Leistungsverhalten und damit auch langfristig auf ihre Gesamtentwicklung (vgl. Roebers 2007 : 381). Damit gelangen wir zu einer weiteren bedeutsamen Kategorie der Entwicklungspsychologie:

„Der Begriff des Selbstkonzeptes beschreibt ein zentrales psychologisches Konstrukt, welches die Gedanken, Gefühle und Bewertungen einer Person über sich selbst in Bezug auf materielle (Körper, Eigentum), kognitive (Leistungsvermögen in verschiedenen Teilbereichen), soziale (Beziehungen zu anderen Menschen) und ideelle (Werte, Einstellungen) Aspekte beinhaltet. Der Begriff Selbstkonzept umfasst aber auch individuelle Annahmen über Veränderungen des Selbst über die Zeit sowie über Möglichkeiten des Individuums, dieses aktiv zu beeinflussen“ (ebenda).

Die Bedeutung des Selbstkonzeptes, das Parallelitäten zur soziologisch determinierten Ich – Identität aufweist, resultiert aus dessen verhaltensregulativer Funktion. Diese Funktion kommt sowohl in den leistungsbezogenen als auch nicht leistungsbezogenen (sozialen und körperlichen) Teilbereichen des Konzeptes zum Tragen. Von besonderem Interesse ist in unserem Untersuchungskontext das *leistungsbezogene Selbstkonzept*, das in seiner inhaltlichen Ausprägung auch die Leistungen im Unterrichtsfach Deutsch umfassen kann (vgl. Übersicht in

ebenda : 382). Der Leistungsbezug von Selbstkonzepten im Jugendalter beinhaltet allerdings nicht nur Selbsteinschätzungen zu Kompetenzen, sondern auch zu Gefühlen, Einstellungen und Wertvorstellungen. Untersuchungen zu Beziehungen zwischen Selbstkonzept und Leistungen kommen zu divergenten Ergebnissen: Zum einen erklärt man tatsächlich erbrachte Leistungen zur Ursache für Selbstbewertungen, zum anderen sieht man das Selbstkonzept als Ursache für nachfolgend erbrachte Leistungen (vgl. ebenda : 386). Entscheidend ist in jedem Fall die Erkenntnis der wechselseitigen Bedingtheit zwischen Selbstkonzept und Leistung und die empirisch gesicherte Aussage, dass ein positives Selbstkonzept mit einer positiven Einstellung zur (Lern-)Leistung einhergeht. Für die Adoleszenz kann der interne Bezugsrahmen – Wissen über persönliche Stärken und Schwächen sowie über bereichsspezifische Kompetenzen – nützlicher sein als ein externer (vgl. ebenda : 389). In Lernkontexten wiederum kommt dem durch Lehrpersonen gebildeten externen Bezugsrahmen die wichtige Aufgabe zu, Lernenden durch selbstwertförderliche Rückmeldungen mit einer individuellen Bezugsnormorientierung zu einer langfristig positiven Motivations- und Leistungsentwicklung und damit zu einem positiven Selbstkonzept zu verhelfen.
Dieser externe Bezugsrahmen bei der Entwicklung des Selbstkonzeptes Heranwachsender wird zudem durch das Elternhaus in entscheidender Weise mitgeprägt. Hier zeigt sich die Identitätsfindung als eine *Autonomieentwicklung*:

„Autonomieentwicklung bezeichnet den Prozess, in dessen Verlauf Individuen die Fähigkeit entwickeln, ihr Leben unabhängig von anderen Personen zu gestalten, indem sie selbstständig Ziele setzen und ihr Erleben und Handeln selbstständig regulieren. Die Autonomieentwicklung verläuft auf der kognitiven (z.B. Werte, Ziele, Wahrnehmung von Chancen), der affektiven (z.B. Unabhängigkeit, Selbstvertrauen) und der Verhaltensebene (z.B. Kontrolle und Selbstregulation)“ (Kracke 2007 : 501).

Wenngleich aufgrund einer uneindeutigen Befundlage nicht endgültig geklärt werden kann, unter welchen Bedingungen die Autonomieentwicklung positiv oder negativ verläuft, so scheinen doch ein „ko-konstruktives“ Verhalten von Eltern und das gleichzeitige Bestehen von Nähe und Distanz eine gute Grundlage für eine gelungene Persönlichkeitsentwicklung und damit für das Erlangen eines positiven Selbstkonzeptes zu sein (vgl. ebenda : 505 ff.).

Kehren wir nun zu unserem schreibdidaktischen Untersuchungsfeld zurück und fragen nach der Relation zwischen Schreiben bzw. Schreibkompetenz und der Ausprägung von Individualität im Zuge der *Identitätsentwicklung* Heranwachsender.
Antworten auf diese Frage finden wir in den Darstellungen der Bezugswissenschaften nur ansatzweise:

In der Soziologie erkennen wir einen solchen Ansatz im Umfeld der bereits erwähnten identitätsbildenden Frage: „Wie bin ich geworden, was ich bin?“. Auf der Suche nach einer Antwort, die mit der Ausprägung *biografischer Identität* korrespondiert, *erzählt* das Individuum die *Geschichte von sich selbst*. Über das sprachlich unterschiedlich realisierbare *Erzählen* also reflektiert das Subjekt das bisher Erlebte und zieht Schlüsse für sein weiteres Vorgehen. Die Übertragung der erlebten Tatsachen in eine *Erzählung* steigert den Identitätsfindungsprozess (vgl. Kaufmann 2005 : 158). Diese Form der Selbstfindung und weitere, spielerische und experimentelle Formen der Selbsterfindung, zu denen ganz sicher auch die Techniken des kreativen Schreibens gehören, sind abhängig von den „Ressourcen des Ichs“ (ebenda : 217). Diese „Ressourcen“ haben ökonomische, soziale und kulturelle Anteile. Letztere gelten als „bevorzugte Nahrung der Selbsterfindung“ und schließen selbstverständlich auch sprachliche Kompetenzen ein. In diesem Kontext findet der Umfang des individuellen Wortschatzes Beachtung:

„Wer eine große Anzahl von Wörtern beherrscht, kann sich auf präzise, komplexe Argumentationen einlassen, die zu einer reflexiven und bedächtigen Selbstkonstruktion führen ... und die Möglichkeit geben, vielfältige, detaillierte Facetten von sich selbst auszuprobieren" (ebenda : 218).

Eine geringere Anzahl von Wörtern hingegen schränkt das Repertoire der formulierten Identität ein und begrenzt damit die Quantität und Qualität möglicher Selbstentwürfe.
Hiermit wird *eine* Voraussetzung reflektiert, die darüber hinaus das so bedeutsame Erzählen determiniert:

„Die Erzählung ist das Instrument, mit dem das Individuum sein Schicksal zu meistern versucht" (Kaufmann 2005 : 157).

In der Psychologie finden wir einen schreibdidaktisch relevanten Ansatz der Identitätsentwicklung im Bereich der Literaturpsychologie:

Untersuchungen von Jung verweisen auf Potenzen der Selbstfindung im Kontext des Verfassens fiktionaler Texte. Hiernach erweist sich Schreiben als „eine Möglichkeit der aktiven Auseinandersetzung mit der eigenen inneren und äußeren Wirklichkeit", als Mittel zur Selbstreflexion und Selbsterkenntnis sowie als Hilfe bei den „Prozessen der Individualisierung, der Konturierung des Selbst" (Jung 1989 : 14). Mit Hinweis auf kreative Schreibaktivitäten in Schreibwerkstätten verweist die Autorin zurecht auf die Notwendigkeit einer inhaltlichen Konkretisierung der proklamierten Selbstreflexion und Selbsterkenntnis Schreibender. Zudem sind „Möglichkeiten, Ablauf und Grenzen des Schreibens ... noch weitgehend unaufgearbeitet" (ebenda: 16). Als Fazit für die „emanzipatorische Dimension fiktionalen Schreibens" werden zwei wesentliche Bedingungen genannt, die aus schreibdidaktischer Perspektive von besonderem Interesse sind:

Das selbstreflektorische Potenzial kreativen (fiktionalen) Schreibens entfaltet sich dann, wenn die „Gestaltung von Hoffnungen und Erwartungen ... unter einer bestimmten Problemperspektive" (ebenda : 197) erfolgt. Das unterstreicht die Notwendigkeit, Schreibentwicklungs- und Identitätsfindungsprozesse bei Lernenden stets mit persönlichkeitsrelevanten Problembereichen zu vernetzen, d.h., Schreibaufgaben an konkrete individualbezogene Themen zu binden.
Schreiben in identitätsfördernder Funktion erhebt auch „Ansprüche an die Sprache": Die „Schulung von formalen Basiskompetenzen" dient der „Flexibilität und Erweiterung des sprachlichen Ausdrucksvermögens und der Sensibilisierung gegenüber dem Aussagegehalt sprachlicher Symbolik" und trägt somit dazu bei, „hinter die Erscheinungsweisen von Objekten zu schauen und Zusammenhänge, die bislang verborgen waren, aufzudecken" (ebenda: 198). Diese Einsicht bestätigt unsere Überlegungen zum Wechselspiel von Strukturiertheit und Flexibilität bei der Ausbildung sprachlicher Kreativität und führt zudem wiederum zur Notwendigkeit der Entwicklung wissensbasierter Teilkompetenzen des Schreibens.

Eine Weiterführung und Konkretisierung findet ein solcher literaturpsychologischer Ansatz in pädagogischen Untersuchungen von Leser- und Schreiberbiografien. Auch dort werden die identitätsbildenden Potenzen des kreativen und literarischen Schreibens thematisiert (vgl. Behnken / Messner / Rosebrock / Zinnecker 1997). Schreiben als Ausdruck von Identitätszuständen und biografischer Entwicklung, als Mittel zur Herstellung von Selbstdistanz und Selbstkontrolle ist so zu organisieren, dass Heranwachsende zu einem gestärkten Selbstwertgefühl und zu klareren Perspektiven der Ich-Bildung gelangen (vgl. dazu Kap. 2.6.).

Diesem letztgenannten Ziel dienen ebenfalls die schreibdidaktischen Ansätze zum *autobiografischen Erzählen.* Ausgehend von der Erkenntnis, dass man durch das Erzählen von Erlebtem und das Reflektieren seiner Rolle beim Erleben im Allgemeinen seine eigene Identität immer wieder herstellt, spricht man dem autobiografischen Erzählen im Besonderen eine höhere identitätsbildende Produktivität zu (vgl. Feilke / Otto 1998 : 15 ff.). Hieraus ergibt sich die Forderung, im Zuge der Aufhebung der Marginalisierung autobiografischen Erzählens im Deutschunterricht „... alle relevanten Situationen im privaten wie öffentlichen Leben, in denen Menschen von sich und ihren Erfahrungen erzählen, (zu) erfassen und daraufhin (zu) prüfen, inwieweit sie auch für den Deutschunterricht relevant sein könnten" (ebenda : 20). Zu den bevorzugten Situationen gehören die, die im Kontext von Berufsfindungen stehen. Unter textsortenspezifischem Aspekt ist zu vermerken, dass autobiografisches Schreiben keine „feste Grenze zwischen Fiktion und Realität oder zwischen Literatur und Nicht-Literatur" voraussetzt, sondern ausdrücklich mit „Grenzüberschreitungen" rechnet (Breuer / Sandberg 2006 : 10).

Entscheidend ist und bleibt, dass „sämtliche Formen der Identität" nicht vorausgesetzt, „sondern im Akt des Schreibens und Lesens allererst hergestellt" werden (ebenda : 11).

Was unsere mehrfach geforderte Balance zwischen Strukturiertheit und Flexibilität, zwischen gezielter (auch fremdregulatorischer) Einflussnahme auf die Ausprägung von Teilkompetenzen des Schreibens und kreativ-experimenteller (vornehmlich selbstregulatorischer) Gestaltungsfreiheit von Textproduktionen anbelangt, so sind diesbezügliche Möglichkeiten noch zu veranschaulichen. Zunächst soll das folgende Zitat handlungsleitend wirken:

„Schreiben ist wie das Autofahren erlernbar. Und das darf auch Spaß machen. Und dazu gehört, dass den Schülern bei allen Vorgaben immer bewusst bleibt, dass sie bei allen Textgestaltungsprozessen immer einen Variablen-Spielraum haben (in Abhängigkeit von den interaktionalen Bedingungen), so dass dabei immer auch ihre Kreativität gefördert werden kann" (Heinemann 2006 : 28).

Die Förderung von *Kreativität* steht in einem engen Zusammenhang mit der *Selbstregulation des individuellen Lernens.* Letztere gilt inzwischen in Bildungsplänen und Bildungsstandards als eine Schlüsselkompetenz (vgl. Moschner 2007). Mit ihrer Hilfe kann es Lernenden immer besser gelingen, sich eigenständig, selbst motiviert, selbst gesteuert und selbst kontrolliert in immer wieder neue Wissens- und Könnensbereiche einzuarbeiten. Selbstreguliertes Lernen umfasst kognitive, motivationale und metakognitive Komponenten bzw. Strategien (vgl. ebenda: 584 ff.). Bei der Beschreibung derselben fällt die synonymische Verwendung der Begriffe *Selbstregulation* und *Metakognition* auf. Wie bei der Modellierung des Schreibens als metakognitiv-reflexiver Prozess des Problemlösens werden aus pädagogisch-psychologischer Perspektive die Teilkomponenten des Planens, Überwachens und Regulierens eigener Lernprozesse in ihrer Bedeutsamkeit für das Erreichen von Lernfortschritten betont. Im Rahmen der Diskussion zu Förderansätzen selbstregulativen Lernens scheint gesichert, dass diese Lernform nur dann ihre Wirkung entfaltet, „... wenn den Lernenden Raum gegeben wird, eigene Lernziele zu formulieren und die Aufgabenbearbeitung selbst zu planen und zu gestalten" (ebenda: 593). Solche Bedingungen sollten auch eine Selbstregulation in Schreiblernprozessen ermöglichen (vgl. Kap. 2.4.) .

Das Konzept des „Kreativen Schreibens" betreffend ist ergänzend zu Kapitel 2.4. anzumerken, dass dessen Programmatik auch einer Revision bedarf: Die bisherige, einseitige Präferenz von expressivem Verhalten und divergentem Denken vernachlässigt notwendige konvergente, sprachbezogene, kognitive und metakognitive Leistungen bei der Textproduktion (vgl. Wermke 2006 : 346).

Betrachten wir die Erarbeitung einer Identität als Lernprozess, der mit der Konstruktion eines Selbstkonzeptes verbunden ist, so erhebt sich die Frage nach der Modellierbarkeit des *Identitätsentwicklungsprozesses*. Auf der Suche nach einer Antwort stoßen wir auf psychologisch determinierte Ansätze der Identitätsforschung, wonach die *Identitätsarbeit* als ein *Problemlöseprozess* und die *Identitätsexploration* als ein *Problemlöseverhalten* charakterisiert werden. Dabei erfolgt eine Stufung von 5 Teilprozessen (vgl. Kracke / Heckhausen 2008 : 510 f.):

1. Orientierung in der Erreichbarkeit von Alternativen,
2. Sammlung von Informationen,
3. Bildung von Hypothesen,
4. Auslotung von Alternativen,
5. Evaluierung des Prozesses.

Hintergrund dieses Ansatzes ist die Auffassung, dass Identitätsbildung durch die Bewältigung von Identitätskrisen erfolgt, bei der wiederum Problemlöseprozesse eine wichtige Rolle spielen (vgl. Bosma 1992; Côte & Levine 1988; Grotevant 1987). Laut Erikson (1968) und Grotevant (1987) ist gerade die Adoleszens die Phase der Identitätsentwicklung, in der eine entscheidende Identitätskrise bewältigt werden muss und die durch den Weg von der Identitätsdiffusion zur Identität geprägt ist. Dabei hat man unter dieser Krise keine Katastrophe, sondern einen Wendepunkt zu verstehen, der durch Experimentieren, Explorieren und Testen verschiedener Erwachsenenrollen charakterisiert wird (vgl. Alsaker / Kroger 2007). Im Zuge dieses Prozesses gehen Jugendliche „identitätsrelevante Verpflichtungen" ein: Sie treffen in Phasen modellierbare problemlösungsorientierte Entscheidungen zwischen den Stadien der "diffusen Identität" (identity diffusion) und der „erarbeiteten Identität" (identity achievement) (vgl. Marcia 1966).
Wir stellen also prozessuale Parallelitäten zu den übrigen unser Untersuchungsfeld bestimmenden Entwicklungsprozessen fest: Offensichtlich weisen das Schreiben und die Schreibentwicklung sowie die Kognitions-, Kreativitäts- und Identitätsentwicklung eine *generelle Problemlöseorientierung* auf.
Es gilt zu klären, welche schreibdidaktischen Ableitungen aus dieser Erkenntnis zu ziehen sind.

Zunächst bleibt zu unterstreichen, dass es als notwendig erscheint, angesichts der Relation zwischen *Kompetenz* und *Kreativität* beim Schreiben und Schreibenlernen im spezifischen Kontext der *Individualorientierung und Identitätsentwicklung* bei Heranwachsenden ein Gleichgewicht zwischen strukturierten (prozess- und produktorientierten) sowie freien (kreativen und selbstregulierten) Schreibhandlungen in Lernprozessen herzustellen, was letztendlich auch zu einem positiven externen Bezugsrahmen für die Entwicklung von Selbstkonzepten beizutragen vermag.

2.6. Literarische Schreibkompetenz und Identität

Lesen und Schreiben werden als Kulturtechniken häufig in einem Atemzug genannt. Das Lesen literarischer Texte kann das Schreiben neuer Texte evozieren. Davon zeugen nicht nur die Aussagen von Schriftstellern, auch die Literaturwissenschaft schenkt den Beziehungen zwischen Lesen und Schreiben seit Langem Beachtung. Literaturdidaktische Schreibarrange-

ments basieren ebenfalls auf vorliegenden Texten, nach deren Mustern, Themen, Motiven etc. das Schreiben der Schüler organisiert wird.
Ohne den Anspruch zu erheben, an dieser Stelle die Zusammenhänge zwischen literarischem Lesen und Schreiben umfassend abbilden zu wollen (oder zu können), soll dennoch zunächst das Lesen literarischer Texte in seiner Bedeutung insbesondere als ‚kulturelle Identitätsressource' (vgl. Kaufmann 2005 : 217) zumindest ansatzweise in den Blick genommen werden, ehe im Anschluss daran einige diesbezügliche Potenzen des literarischen Schreibens ausgelotet werden.

„Irgendwann kommt ... der Augenblick, wo man vom Lesen zum Schreiben übergeht", stellt der Jugendbuchautor (und Wissenschaftler) A.C. Baumgärtner in Reflexion seiner eigenen reichen Lese- und Schreiberfahrungen fest (Franz et al. 2001: 6). Baumgärtner kommt zu Wort in der von Kurt Franz, Günter Lange u.a. zusammengestellten „metaliterarischen Textsammlung" von 60 Autorenbeiträgen zu ihren ersten Schreibversuchen. Der Sammelband legt ein beredtes Zeugnis dafür ab, dass Autoren gewöhnlich begeisterte Leser sind und sich häufig von Texten anderer Autoren zum Schreiben angeregt fühlen. „Dieser Plan, den ich William Faulkner abgeguckt hatte, sollte vier einzelne ... Romane umfassen, mit denen ich eine ganz bestimmte Landschaft und ihre Menschen beschreiben wollte", erinnert sich beispielsweise Klas Ewert Everwyn konkret (ebenda : 23) und macht damit deutlich, dass das Lesen die Rezipienten durchaus dazu motivieren kann, beim eigenen Schreiben literarische Techniken bzw. Strukturen zu erproben, wie es schließlich auch der handlungs- und produktionsorientierte Literaturunterricht für die Schule propagiert.
Diese wenigen Zitate sollen zunächst genügen um zu verdeutlichen, dass das Lesen von literarischen Texten eine nicht unwesentliche Motivations- und Inspirationsquelle für das eigene literarische Schreiben darstellen kann.

Welche weiteren Potenzen hat das *literarische Lesen* jedoch über die möglichen Anregungen zum Schreiben hinaus für die Identitätsarbeit der Rezipienten?

Leseforscher stellen immer wieder fest, dass die Rezeption literarischer Texte in nicht zu unterschätzendem Maße durch die Subjektivität des jeweiligen Lesers geprägt wird. Schon seit den Anfängen empirischer Leserforschung gelten die ‚Individualität' und ‚Selektivität' als wichtige Faktoren des Rezeptionsprozesses (vgl. Dahrendorf 1979 : 318). Es lässt sich daher kaum vorhersagen, wie literarische Texte auf den einzelnen Leser wirken. Jeder Rezipient wählt aus dem Angebot des Textes das aus, was in seiner aktuellen Lebenssituation für ihn bedeutsam ist. Auch neuere lesesoziologische Untersuchungen bekräftigen dies und lassen zudem die Schlussfolgerung zu, dass der Leseprozess einen kreativen Charakter hat.

Werner Graf stellt auf der Grundlage der Auswertung von ca. 1500 Lektüreautobiographien junger Leser fest, dass Lesen „für viele Jugendliche ein sinnliches Erlebnis" bleibt (Graf 2007 : 110). Ebenso wie das Lesen in der Kindheit wird es häufig durch eine identifikatorische Einstellung der Rezipienten meist zu den Hauptfiguren der Bücher geprägt.
Dieses *identifikatorische Lesen* basiert entweder auf Mechanismen der Projektion:
„Der Leser blickt in das Buch wie in einen Spiegel, er sieht also sich" (ebenda: 112).
Oder es erfolgt durch Prozesse der Introjektion:
„Der Leser nimmt Vorstellungen aus Büchern ins Ich hinein" (ebenda).
Auch die Substitution, d.h. die „teilweise Ersetzung bestimmter Personen oder Objekte der eigenen sozialen Welt durch die Protagonisten und Objekte der fiktionalen ... Welt" (Schön 1995 : 105) ist beobachtbar.

Graf kommt unter Berücksichtigung seiner Erhebungen zu dem Schluss, dass ältere Jugendliche individueller lesen lernen, wenn sich ihr Lesen von diesen Mechanismen emanzipiert. Er schreibt:

„Für das jugendliche Lesen - das in Wechselwirkung mit der Identitätssuche steht - ist es erhellend, wie Texten je nach dem individuellen Entwicklungsstand und je nach aktuellen oder biographisch länger mitgeschleppten Problemlagen kreativ ein veränderbarer Sinn gegeben werden kann, der wie ein Bild für das erscheint, was das lesende Ich beschäftigt“ (Graf 2007 : 123 f.; vgl. auch Pieper et al. 2004).

Das Lesen bekommt somit den „Charakter eines kreativen Prozesses, weil die Identität des Lesers im literarischen Medium immer wieder neu erfunden wird. Das Resultat der Lektüre ist ein Kompromissprodukt aus subjektiver Erwartung und Bedeutungsangebot des Textes“ (ebenda).

Festgehalten werden soll an dieser Stelle, dass sowohl das identifikatorische Lesen der Kinder und einer großen Zahl Jugendlicher aus dem ‚unteren und mittleren Bildungssegment' wie auch das individualisiertere Lesen älterer Jugendlicher als Versuche gewertet werden können, sich der eigenen Identität mit Hilfe der Literatur zu vergewissern bzw. die eigenen Möglichkeiten mit Hilfe des literarischen Mediums probeweise zu erweitern. Die Kombination des literarischen Angebots mit den eigenen Erwartungen bzw. Voraussetzungen weist in jedem Falle die Merkmale eines kreativen Prozesses auf (vgl. Kap. 2.2).

C. Pette und M. Charlton gehen bei ihrer qualitativ ausgerichteten Studie zur Auseinandersetzung von sechs Lesern mit ein und demselben Roman (Javier Marias „Morgen in der Schlacht denk an mich“) auf der Grundlage entsprechender Forschungsergebnisse bereits von der Annahme aus, dass auch „erwachsene Leser Literatur u.a. dazu nutzen, relevante Lebensthemen zu bearbeiten“ (Pette / Charlton 2002 : 195). Sie kommen in Auswertung der vor und nach dem Rezeptionsprozess mit den Lesern geführten Interviews, ausführlichen Lesetagebüchern (u.a. mit Vorauserzählungen zum Text) und Fragebögen zu der Schlussfolgerung, dass nahezu „jede Handlung, die ein Leser bei der Lektüre eines literarischen Textes vollzieht, ... immer auch im Sinne der Selbstvergewisserung fungieren und unter dem Aspekt der Sicherung eigener Identität gesehen werden (kann)“ (ebenda : 208 f.). Sie entwickeln auf der Basis der ausgewerteten Erhebungen folgende Differenzierung bezogen auf die mit Selbstvergewisserung und Identitätssicherung verbundenen Lesestrategien:
„ - Lesestrategien der Vergewisserung eigener Erfahrungen,
- Lesestrategien der Vergewisserung eigener Einstellungen, Wertmaßstäbe und Normen,
- Lesestrategien der Vergewisserung eigener Lese-Kompetenz,
- Lesestrategien der Vergewisserung eigener Leser-Bedürfnisse und
- Lesestrategien der Vergewisserung der eigenen Geschlechtsrolle“ (ebenda : 209).

Diese Befunde erfordern dringend eine angemessene Berücksichtigung bei Überlegungen zum Umgang mit literarischen Texten in der Schule.
„Systematischere Aufarbeitungen der theoretischen Schnittstellen zwischen Identität und ästhetischer Erfahrung allerdings fehlen bislang im Horizont deutschdidaktischer Theoriebildung“, konstatiert Frederking (Frederking 2004: 143).

In der Geschichte der Deutschdidaktik gab es diesbezüglich bereits einige Ansätze, auf die bei weiterführenden Forschungen aufgebaut werden kann. Zu verweisen ist insbesondere auf den bereits von Kreft herausgestellten fundamentalen Zusammenhang zwischen Identität und ästhetischer Kompetenz, den u.a. Jutta Wermke, Norbert Hopster und Kaspar Spinner mit je eigener Akzentsetzung aufgegriffen und weiterentwickelt haben (vgl. Spinner 1980, Hopster 1984, Wermke 1989). Auf die Entwicklung der Konzeption des identitätsorientierten Literaturunterrichts soll an dieser Stelle nicht weiter eingegangen werden, sie ist insbesondere durch Volker Frederking in diversen Veröffentlichungen ausführlich reflektiert worden (vgl. u.a. Frederking 2004 : 141 ff.; Frederking 2010 : 414 ff.; Frederking 2010). In den neunziger Jahren, so stellt Frederking auf der Grundlage seiner diesbezüglichen Untersuchungen fest, ist „das Prinzip der Identitätsorientierung im fachdidaktischen Diskurs eher in den Hintergrund getreten“ (Frederking 2000: 53). Aktuell setzen sich jedoch Literaturdidaktiker verstärkt mit einem zunehmend auf Kompetenzorientierung und messbaren Output angelegten Verständnis von Literaturunterricht auseinander und verweisen auf das dabei nicht genügend berücksichtigte Potenzial literarischer Texte hinsichtlich der Selbstreflexion der Rezipienten (vgl. dazu Abraham / Kepser 2005, Abraham 2010, Kämper van den Boogaart 2005, Köster 2006, Rösch 2010). So erinnert Abraham an den „anthropologische(n) Sinn literarischer Kommunikation“, der „seit der Erfindung der Literatur ... Selbstverständigung des Menschen, Beschreibung und Deutung menschlicher Daseinsmöglichkeiten“ war (Abraham 2010 : 19). In seinen Schlussfolgerungen zu ‚Fehlhaltungen und angemessenen Haltungen im Versuch Poetischen Verstehens’ führt er weiter aus:

„Der poetische Text, in welcher Form und Gestalt auch immer, ist das Medium, in dem ich mich selbst verstehe: Selbsterschließung, Selbsterklärung, Selbstdeutung ... Interpretieren kann ich eigentlich immer nur mich selbst“ (Abraham 2010 : 20).

Diese Selbstreflexion schließt das Verstehen poetischer Texte auch im Sinne eines für einen Fachunterricht wünschenswerten Kompetenzzuwachses nicht aus, vor allem wenn die „Rückbindung poetischen Verstehens an die Eigenschaften des poetischen Gegenstandes“ gelingt (Winkler 2010 : 70).
Die „Fähigkeit, zwischen Textrezeption und Selbstreflexion hin und her zu pendeln“ sieht auch B. Hurrelmann unter Berücksichtigung von lese- bzw. literatursoziologischen Forschungen in ihren zusammenfassenden Ausführungen zu prototypischen Merkmalen der Lesekompetenz als „eine Komponente der Lesekompetenz ..., die in besonders starkem Maße beim Lesen literarischer Texte in Anspruch genommen wird“ (Hurrelmann 2002 : 279). Sie betont ebenfalls die Bedeutung des Lesens literarischer Texte als „Medium der Persönlichkeitsbildung“ (Hurrelmann 2007 : S.22 f.) .

Für unsere Überlegungen bleibt festzuhalten, dass das Lesen bzw. Rezipieren literarischer bzw. poetischer Texte ein individueller und kreativer Prozess ist, in dem der Rezipient sich selbst reflektiert und dabei – im gelingenden Fall – seine Perspektiven auf und für sich selbst erweitert.

Im Folgenden soll gezeigt werden, dass auch beim *Schreiben literarischer Texte* die Selbstreflexion der Schreiber eine bedeutende Rolle spielt bzw. dass das Schreiben literarischer Texte den Autoren bei der Selbstreflexion helfen kann.

Exemplarisch werden an dieser Stelle zunächst wiederum einige Kinder- und Jugendbuchautoren mit entsprechenden Äußerungen zitiert, da sie ihr Schreiben aufgrund der Spezifik ihres Adressatenkreises evtl. mehr als andere zu reflektieren gezwungen sind.
In vielen Passagen der Sammlung von Autorenaussagen „Mein erstes Manuskript“ werden die mannigfachen Beziehungen zwischen Bewältigung eigener Probleme, Erinnerungsarbeit, Identitätssuche und Schreiben thematisiert:

„Ich schrieb vor allem, wenn ich mich schlecht fühlte. Wenn es in Schule, Partnerschaft, Familie Probleme gab... In solchen Augenblicken schrieb ich einfach drauflos, schrieb mir meine Ängste von der Seele und aus dem Kopf, schrieb, bis es mir besser ging – oder noch schlechter“ (Banscherus in: Franz et al. 2001 : 3).

Der Autor Jürgen Banscherus macht mit diesen Feststellungen sowohl auf positive Effekte des Schreibens wie auch auf die mögliche Verstärkung negativer Gefühle durch ein Sich-Hineinsteigern aufmerksam. Er betont jedoch im Zuge seiner Ausführungen zugleich, dass er beim Schreiben erster Kinderbücher die Möglichkeit einer „Selbstvergewisserung“ fand, indem er für die jungen Adressaten seiner Texte die eigene Biografie mehr oder weniger direkt aufarbeitete (vgl. ebenda). Diese Potenzen des Schreibens für andere, in dem eventuell weniger die Gefahr besteht, sich in eigene Probleme hineinzusteigern, indem die eigenen Probleme, Ängste oder auch Träume für Leser „bearbeitet“ werden, sollten wir im Blick behalten, wenn es um literarische Schreibaufgaben geht.

Viele Autoren thematisieren die Zusammenhänge ihres literarischen Schaffens mit der eigenen Biografie und verweisen so auch auf die Möglichkeiten des Schreibens für die Auseinandersetzung mit Entwicklungsaufgaben.

„Es ist sicher nur natürlich, dass die ersten Geschichten, die man schreibt, einen stark autobiographischen Charakter aufweisen, denn man will ja schließlich mit Dingen fertig werden, die einen beschäftigen. Insofern geht es bei frühen Texten meist gar nicht so sehr um das Schaffen von Literatur, sondern um die Bewältigung von Problemen, die auf einen zugekommen sind“ (Baumgärtner in: Franz et al. 2001: 6).

Zugleich wird jedoch immer wieder das Potenzial herausgestellt, welches das literarische Schreiben für die Selbstentäußerung, für die Darstellung der eigenen Individualität hat – frei von allen pragmatischen Zwängen der Realität. Exemplarisch sei an dieser Stelle Herbert Günther zitiert:

„Die Entdeckung des Schreibens ist für mich vor allem die Entdeckung der Freiheit. Das Eigene suchen, in Wörter setzen gegen die vielen Vereinnahmungsversuche von überall her“(Günther in ebenda : 41 f.).
Der Autor resümiert schließlich „Was ich schreibe, bin ich“ (ebenda) und bestätigt damit die These, dass Identität (u.a. auch) im literarischen Schreiben konstruiert wird (vgl. Breuer / Sandberg 2006 : 11).

Besonders interessant hinsichtlich der Potenzen der reflektierenden Begleitung konkreter Schreibprozesse sind die Ausführungen von Sigrid Zeevaert, einer inzwischen mehrfach mit Auszeichnungen bedachten Kinder- und Jugendbuchautorin, deren erstes Manuskript als Examensarbeit am Ende eines Lehramtsstudiums entstand. Kaspar Spinner betreute diese Arbeit, in der auch der Entstehungsprozess des Textes in einer Reflexion dokumentiert wurde. Zeevaert gelangt u.a. zu folgenden Einsichten, bevor sie mit ihrem im Rahmen der Examensarbeit entstandenen ersten Kinderbuch an die Öffentlichkeit geht:
„Die Reflexion über den Schreibprozess hatte meinen Blick für die vorläufige Fassung des Textes geschärft, und so überarbeitete ich ihn noch einmal gründlich. ... In der Reflexion erst wurde mir klar, dass sich in der Handlung der Jo ein Wesenszug von mir geäußert hatte. Das Eigenleben war also genährt von den eigenen, mir aber unzugänglichen Schichten des Selbst; wenn ich mich in Jo einfühlte, dann fühlte ich mich in das eigene Ich in fremder Gestalt ein“ (ebenda: 152 f.).

Hier werden Potenzen des Schreibens explizit literarischer Texte für die Selbstreflexion einer erwachsenen germanistisch ausgebildeten Schreiberin deutlich. Auch die Reflexion des literarischen Schreibprozesses kann also dazu beitragen, dass sich Schreiber über sich selbst klarer werden. Inwiefern sich diese Erkenntnisse auf jüngere Schreiber übertragen lassen und in welcher Form entsprechende Aufgaben an sie herangetragen werden können, bedarf weiterer Überlegungen.

Zunächst soll der Frage nachgegangen werden, welche Erfahrungen es bezüglich des Einbringens von Individualität bei jüngeren Verfassern literarischer Texte bereits gibt. Systematisch ausgewertete Erhebungen zu diesem Aspekt existieren unseres Erachtens bislang nicht. Exemplarisch sei deshalb an dieser Stelle auf die aktuelle Veröffentlichung zu einem Unterrichtsprojekt verwiesen, bei dem die Schüler einer 9. Klasse einer Realschule aufgefordert waren, im Rahmen einer Unterrichtsreihe zu phantastischen Texten ihre erworbenen Kenntnisse zu Strukturen solcher Texte beim Schreiben eigener phantastischer Texte anzuwenden. Die Autorinnen des Aufsatzes über dieses Projekt berichten unter Bezug auf die so entstandenen Schülertexte Folgendes:

„Viele entdeckten offensichtlich in dem erarbeiteten Strukturmodell auch ein Ventil für eigene Probleme. Sollte etwa zu Hause gerade das Thema Trennung akut sein, dann konnte man dies mit Hilfe einer Figur ... poetischer und entlastender ausdrücken. Gleiches gilt wohl auch für Gefühle des Nichtgeliebtwerdens oder für Todesängste, ausgelöst durch schwerkranke Familienmitglieder. Lässt sich das eigene Leid in Poesie transformieren, weil man über eine Form verfügt und sei diese auch noch so brüchig, dann fällt einiges wohl umso leichter, vor allem die Freude am Deutschunterricht. Zur Phantasie gehört ganz offensichtlich dazu, Ausdrucksformen zu erlernen, soll sie sich entäußern können“ (Wünsche / Stenz 2010: 199).

Unsere Erfahrungen im Deutschunterricht, beispielsweise mit dem Schreiben von Märchen nach vorher erarbeiteten Strukturmustern, dem Verfassen von modernen Märchen bzw. Märchenparodien, dem Produzieren von Monologen fiktiver Figuren etc., haben immer wieder auch die Erkenntnis hervorgebracht, dass sich die Autoren der Texte nicht nur „eigenes Leid“ verschlüsselt von der Seele schrieben (z.B. die geringer gewordene Zuwendung durch die Eltern nach der Geburt eines Geschwisterkindes oder die Konkurrenz unter Geschwistern), sondern auch Träume und Wünsche gestalteten (bedürftigen Menschen zu größerem Wohlstand zu verhelfen, die Natur bzw. die Tierwelt zu schützen etc.). Es geht bei der Wahrnehmung solcher Aspekte in Schülertexten allerdings nicht darum, anschließend therapeutisch auf die Probleme der Schüler einzugehen. Vielmehr sollen kindliche bzw. jugendliche Entwicklungs- bzw. Identitätsfindungsprozesse unterstützt werden. Dazu kann u.A. das Angebot von literarischen Schreibaufgaben beitragen, auf dessen Grundlage der Schreibende unter dem Deckmantel der Fiktion mehr oder weniger verschlüsselt von eigenen Befindlichkeiten erzählt, wenn er dies möchte. Kinder und Jugendliche sollten und wollen sich selbst auch als Subjekte in schulischen Lernprozessen wieder finden. Insofern sind aus psychologischer Sicht geäußerte Bedenken hinsichtlich der „Schreibübungen, die Identitätsbildung, Selbstreflexion ... zum Ziel haben“ (Hinz 1996 : 111) unangebracht.
Eine Bestätigung hinsichtlich der hohen Bedeutung literarischen Schreibens für Jugendliche finden wir hingegen u.a. in Spinners einführenden Äußerungen zur „Ästhetische(n) Bildung und Identität“ (Spinner 2006). Der Autor stellt fest, „dass für Schüler in der Pubertät und der Adoleszenz die Auseinandersetzung mit der eigenen Identität ein vorherrschendes Entwicklungsthema ist. Ihm kann ästhetische Bildung insofern in besonderer Weise gerecht werden, als in der Rezeption und im eigenen künstlerischen Ausdruck Persönliches angesprochen und gespiegelt sein kann; dies geschieht im ästhetischen Medium z.T. auf indirekte, verfremdete Weise, so dass den altersspezifischen Hemmungen gegenüber Selbstoffenbarung Rechnung

getragen werden kann" (ebenda : 10). Jugendliche sollten darin unterstützt werden, „ihre Ausdrucksmöglichkeiten hin zu einem symbolischen Ausdruck zu erweitern" (Kirchner / Schiefer Ferrari / Spinner 2006 : 13). Durch diese „Erweiterung des individuellen Ausdrucksrepertoires" gelangt Erlebtes, gelangen aber auch Probleme, Hoffnungen, Wünsche etc. „vom nicht kommunikablen Inneren nach außen und ... (werden) damit für den intersubjektiven Austausch verfügbar. Das Hervorgebrachte wird auf diese Weise zu einem Gegenüber, das mit Distanz betrachtet und reflektiert, geteilt und miteinander besprochen werden kann" (ebenda : 14). Spinner kommt am Ende seiner Ausführungen darauf, dass „der individuelle Zugang für die ästhetische Erfahrung entscheidend ist", und betont, dass „Freiräume geschaffen werden (müssen), um das jeweils geeignete Ausdrucksmittel zu finden und entwickeln zu können" (ebenda : 29).

Das Schreiben literarischer Texte als Form der individuellen Reaktion auf das Lesen literarischer Texte sollte unseres Erachtens eine besondere Berücksichtigung gerade im Deutschunterricht erfahren. Schließlich kann es dazu beitragen, die Schreibkompetenz der Schüler und Schülerinnen zu befördern, ihr schreiberbezogenes Selbstkonzept zu stärken bzw. eine eigene Schreiber-Identität herauszubilden, von den möglichen Rückwirkungen auf das literarische Lesen einmal ganz abgesehen.

Es liegen allerdings bislang kaum systematische Untersuchungen über den Zusammenhang zwischen literarischem Lesen und Schreiben vor. Eine Ausnahme bildet Paefgens Habilitationsschrift „Schreiben und Lesen. Ästhetisches Arbeiten und literarisches Lernen" (Paefgen 1996). Um deutlich zu machen, welche Probleme insbesondere hinsichtlich des literarischen Schreibens im Deutschunterricht nach ihrem (und unserem) Verständnis zu berücksichtigen sind, sollen an dieser Stelle ihre „Vorüberlegungen für eine Didaktik des literarischen Schreibens" knapp skizziert werden:

„Auch poetisches Formulieren *ist* Formulieren und unterliegt denselben Bedingungen wie jede andere schreibende Formulierungstätigkeit auch. Nicht ausgeschlossen werden kann, daß die ästhetische Schreibform anspruchsvoller und komplizierter ist als die pragmatische, weil die ‚dialektischen Problemlösungsanforderungen' unberechenbarer sein können. In literarschreibdidaktischen Forschungen erscheint dieser Sachverhalt nicht immer genügend berücksichtigt: die mögliche Komplexität literarischer Schreibaufgaben wird nicht hinreichend reflektiert" (ebenda : 77).
Die ästhetische ‚Andersheit' literarischer Formulierungsübungen kann dazu verhelfen, individuell differenzierten Schreibgewohnheiten, -vorlieben und -fähigkeiten Rechnung zu tragen. „Literarische Schreibangebote ... erscheinen (dann) als sachlich legitimierter Bestandteil einer Konzeptionierung, die auf Ausbildung einer gereiften Schreibkompetenz Wert legt" (ebenda). Auch literarisches Schreiben sollte durch häufige Wiederholung trainiert und grundsätzlich als eine Form des Problemlösens vermittelt werden, welche sowohl emotionaler, als auch intellektueller Anstrengungen bedarf. Angebotene ‚offizielle' literarische Texte bieten Starthilfen und vermögen Formulierungshindernisse zu minimieren; „zum anderen aber ist dieses Text-Schreib-Arrangement nur folgerichtig, wenn man Formulieren als kontinuierliches „Umformen von Anfangs- und Zieltexten" versteht (Antos 1988, S.46)" (ebenda S. 78).

Diese Aussagen machen deutlich, dass die Grundauffassung vom Schreiben als Problemlösungsprozess auch auf das literarische Schreiben zutrifft. Weitgehend unbeachtet in Paefgens Überlegungen ist der für unsere Untersuchung wesentliche Aspekt der Identitätsorientierung, obgleich man ihre Darstellung der Potenzen des literarischen Schreibens für die Berücksichtigung „differenzierender Schreibgewohnheiten, -vorlieben und -fähigkeiten" als diesbezüglichen Ansatzpunkt sehen könnte. Bei der Auswertung von Ergebnissen der entsprechenden

Unterrichtsversuche kommt indes mehr oder weniger indirekt auch zum Ausdruck, dass literarische Schreibaufgaben bestimmten Persönlichkeitsstrukturen bzw. Schreiber-Identitäten und -Kompetenzen eher entsprechen als andere Aufgaben, wenn Paefgen z.B. davon berichtet, dass einigen Schülern die literarischen Schreibaufgaben besonders ‚lagen'und „sie nur unter diesen ästhetischen Bedingungen ihr eigentliches Können zu zeigen vermögen" (ebenda : 315). An einer anderen Stelle heißt es Bezug nehmend auf die praktischen Erfahrungen mit bestimmten literarischen Schreibaufgaben: „Im Grunde sind sie das geeignete Betätigungsfeld für Schüler, die eigenwillig, spröde und selbständig denken und arbeiten" (ebenda : 220). Obwohl identitätsorientierte Fragestellungen in Paefgens Untersuchung also nicht primär intendiert waren, liefern sowohl die theoretischen Überlegungen als auch die empirischen Versuchsreihen bzw. deren Auswertung ansatzweise einige Antworten und stützen indirekt auch unsere Auffassung vom Potenzial literarischer Schreibaufgaben hinsichtlich der Selbstreflexion und des Selbstkonzeptes der Lernenden.
Wollen wir dieses Potenzial für die Schreib- und Identitätsentwicklung Heranwachsender wirksam werden lassen, so haben wir den literaturbezogenen Schreibaufgaben im Deutschunterricht ein größeres Gewicht zu verleihen. Das bedeutet ebenso für unser Untersuchungsprojekt die Notwendigkeit eines Angebotes an literarischen bzw. literaturbezogenen Schreibaufgaben mit kompetenz- und identitätsbildendem Anspruch.

2.7. Zu Schreiber-Kompetenz und Schreiber-Identität durch Kreativ-kognitives Schreiben

Wir wollen nun die für unsere Untersuchung relevanten Schlüsselbegriffe einer weiteren Konkretisierung unterziehen. Wir stützen uns zunächst auf die folgenden *Arbeitsdefinitionen*, die eine Zusammenfassung bisheriger Erkenntnisse darstellen und für unser weiteres Vorgehen hilfreich erscheinen:

Kompetenz im allgemeinen Sinne beschreibt sowohl die *Disposition* eines Aktanten zum Lösen von Problemen in spezifischen Handlungskontexten als auch die *Leistung* des Handelnden in *Problemlösungsprozessen* (vgl. Abb. 1).
Kompetenzentwicklung in *Lernkontexten* umfasst zum einen die Ausbildung handlungsspezifischer Dispositionen in Form von *Wissen und Können* zum Lösen von Problemen und zum anderen die Erreichung von *Standards oder Teilkompetenzen* als Qualifikationen für das Erfüllen problemorientierter *Aufgaben*.
Die *Lernorganisation* zur Kompetenzentwicklung konzentriert sich auf die Ausbildung von *Motivationen* Lernender zum Dispositionsaufbau sowie auf ihre Befähigung zur Gestaltung von *Prozessen* der Leistungsentfaltung.

Kreativität steht in einem engen Verhältnis zu *Kompetenz*. Das verbindende Moment besteht in ihrer *Erlernbarkeit* und dem Bezug zur Gestaltung von *Problemlösungsprozessen* (vgl. Abb. 2).
Auch Kreativität basiert auf *Handlungsdispositionen* eines Aktanten, wobei diese neben Wissen und Können ebenso handlungsübergreifende *Persönlichkeitseigenschaften* umfassen.
Kreative *Leistungen* resultieren sowohl aus intuitiv-unbewussten (emotionalen und assoziativen) als auch aus strukturiert-bewussten (kognitiven und metakognitiven) Teilleistungen.

Die *Kreativitätsentwicklung* in *Lernkontexten* bedarf der Schaffung eines kreativitätsförderlichen *Umfeldes* sowie der Organisation eines *Gleichgewichts zwischen prozessual-strukturierten und spielerisch-flexiblen Handlungsmöglichkeiten*.
Die *Entwicklung sprachlicher Kreativität* vollzieht somit sich in einer
Balance zwischen der Strukturiertheit und Normativität sprachlichen Handelns einerseits sowie sprachgestalterischer Flexibilität und Variabilität andererseits.

Schreibkompetenz als eine besondere Kompetenz im Kontext *sprachlicher Kompetenz* und als *Können im Textschreiben* umfasst unter dem Dispositionsaspekt Wissen und Können zum *Produzieren, Rezipieren und Reflektieren von Texten* (vgl. Abb. 3).
Die *Schreibleistungen* werden mittels differenzierter *Schreibstandards* ermittelt, die sich sowohl auf die Ausführung der *Schreibhandlungen* als auch auf die Qualität der *Schreibprodukte* beziehen.
Die *Entwicklung von Schreibkompetenz* richtet sich zum einen auf den Auf- und Ausbau von *Schreibmotivationen* und zum anderen auf die Entwicklung von *Leistungen beim Verfassen fiktionaler und nichtfiktionaler Texte*. Diese Leistungen werden auch im Begriff der *Textkompetenz* erfasst, den wir dem Begriff der *Schreibkompetenz* unterordnen.
Bei der *didaktisch-methodischen Gestaltung von Schreibentwicklungsprozessen* ist auf ein ausgewogenes Verhältnis zwischen systematisch-angeleiteten und kreativ-offenen *Schreibformen* zu achten.

Identität ist das Bewusstsein des Individuums von sich selbst und sein Gefühl von einer unverwechselbaren Einzigartigkeit in sozialen Kontexten (vgl. Abb.4). Sie ist kein Zustand, sondern ein lebenslanger Prozess in Abhängigkeit von Lebenssituationen und Lebenserfahrungen sowie geleitet von der Hauptfrage „Wer bin ich?“. Zur Beantwortung dieser Frage vergewissert sich das Individuum seiner Lebensgeschichte, bestimmt seinen aktuellen Entwicklungsstand und trifft Entscheidungen für seine zukünftige Lebensführung. Es entwickelt dabei ein *Selbstkonzept*, das individuelle Annahmen über perspektivische Veränderungen des Selbst beschreibt.
Von besonderer Bedeutung für die *Identitätsentwicklung* erscheint die Ausprägung einer *biografischen Identität* mittels des reflektierenden *Erzählens* des bisher Erlebten und des Schlussfolgerns für das weitere Leben. Aber auch das *Erörtern, Argumentieren* und *Berichten* zu bzw. über identitätsrelevante Sachverhalte aus unterschiedlichen Problemperspektiven kann den Prozess der Identitätsentwicklung unterstützen. Aus den Besonderheiten der Schreibtätigkeit resultiert wiederum die Präferenz der schriftlichen Realisation dieses Tuns. Somit erweist sich die Schreibkompetenz des Identitätssuchenden als eine nicht zu unterschätzende Komponente seiner Identität.
Schreiben und Lesen bedingen einander. Da gerade das Lesen literarischer Texte von der Subjektivität des Lesers in besonderer Weise geprägt ist, erscheint es für die Identitätsgewinnung Heranwachsender von hohem Wert. Der Lesende nutzt das identifikatorische Potenzial des Textes, indem er sich in den literarischen Figuren und deren Handlungen auf kreative Weise selbst spiegelt. Erfolgt diese Spiegelung zudem in schriftlicher Form, so ist ein noch größerer Gewinn für die Identitätsentwicklung zu erwarten.

Weil diese Begriffsbeschreibungen noch einen relativ hohen Abstraktionsgrad aufweisen und dennoch Simplifizierungen enthalten, erscheint es uns geboten, mit Blick auf unser Untersuchungsziel eine weitere *Komprimierung der Begrifflichkeit* vorzunehmen. Wir wollen damit nicht nur die Lesbarkeit der weiteren Ausführungen erleichtern, sondern zudem unser spezifisches Verständnis der Untersuchungsgegenstände konkreter fassen. Deshalb führen wir die beiden folgenden Begriffe ein, die zugleich die *Entwicklungsziele* unserer schreibdidaktischen Interventionen abbilden sollen:

Schreiber-Kompetenz als das Können von Schreibenden im Produzieren, Rezipieren und Reflektieren von Texten umfasst die folgenden Dispositionen und Leistungen (Teilkompetenzen):

- das Gestalten differenzierter fiktionaler und nichtfiktionaler Schreibprodukte unter Beachtung prozessualer Stufen der Schreibhandlung,
- das Realisieren situations- bzw. aufgabenadäquater Schreibfunktionen,
- das Orientieren an Textsorten, Textmustern und Textnormen,
- das Produzieren und Rezipieren von Texten aus unterschiedlichen Schreiber- und Leserperspektiven,
- das Experimentieren mit kognitiven und kreativen Formen der Textherstellung,
- das Interpretieren von Sinnkonstrukten in Texten und das Transferieren von Strukturen in neue Texte,
- das Beurteilen von Schreibergebnissen und das Beschreiben von Textwirkungen in verschiedenen Kontexten,
- das Reflektieren persönlicher Schreiberfahrungen und Schreibleistungen,
- das Überwachen und Regulieren des eigenen Schreibhandelns,
- das eigenaktive Optimieren der Schreibleistungen.

Schreiber-Identität bezeichnet das Selbstbild des Lernenden von sich als Schreibendem und umfasst neben den die Schreiber-Kompetenz konstituierenden Dispositionen und Leistungen folgende Teilkompetenzen:

- die Fähigkeit, seine Individualität zum Ausdruck zu bringen,
- das Wissen um die Besonderheiten des subjektiven Schreibstils, durch den man sich von anderen Schreibenden unterscheidet,
- das Erkennen der persönlichen Schreiberbiografie,
- die Instrumentalisierung des Schreibens für das Erarbeiten einer biografischen Identität,
- das Erzählen der Geschichte von sich selbst (autobiografisches Erzählen) und das Schlussfolgern für den weiteren Lebensweg,
- das Selbstbeschreiben und Selbstdefinieren im Rahmen der Entwicklung eines positiven Selbstkonzeptes.

Unter dem Aspekt der Organisation von Lehr- und Lernprozessen zur *Schreib- und Identitätsentwicklung* Heranwachsender scheint eine *Individualorientierung von Schreibsituationen* als besonders bedeutsam. So sind Schreibhandlungen zu organisieren, die die Lernenden nicht nur zum schreibenden Problemlösen motivieren, sondern ihnen darüber hinaus zu ihrer Selbsterkenntnis und einem Selbstkonzept verhelfen.
Schreibhandlungen solcher Art werden durch *Schreibaufgaben* initiiert, die eine konkrete persönlichkeitsrelevante Problemperspektive spiegeln. Bei der Aufgabenlösung aktivieren und erweitern die Schreibenden ihr Sach-, Sprach- und Problemlösungswissen sowie ihr metareflexives und metakognitives Können. Sie experimentieren – insbesondere beim Verfassen narrativer Texte – mit Sprache und mit Schreibtechniken.

Als geeignet für das Erreichen unserer Schreib- und Identitätsentwicklungsziele erscheint uns ein Mischkonzept, das wir als *Kreativ-kognitives Schreiben* bezeichnen wollen. Dieses Konzept stellt einen Versuch dar, das Schreiben und die Schreibentwicklung in der Relation zwischen Kreativität und Kognition zu betrachten und didaktisch-methodisch zu organisieren. Es weist folgende Merkmale auf:

Der Schreibende sieht sich vor eine individualorientierte und identitätsrelevante Schreibaufgabe gestellt, bei deren Lösung er zu einem komplexen Text gelangen will bzw. soll. Er befindet sich damit prinzipiell in einer *Problemlösungssituation*, die durch *interne* und *externe Faktoren* beeinflusst wird.
Zu den internen Faktoren gehören
- die Einstellung des Schreibenden zum Schreiben im Allgemeinen und zum Lösen der Schreibaufgabe im Besonderen,
- das Wissen und Können des Schreibenden bezüglich des Ablaufs und der Organisationsmöglichkeiten von Schreibhandlungen sowie der Anforderungen an die Schreibergebnisse,
- die Erfahrungen des Schreibenden aus bisherigen Schreibprozessen hinsichtlich der Qualität und Wirkung seiner Schreiberlebnisse und Schreibergebnisse in Bezug auf sich selbst sowie auf Kommunikationspartner.

Die externen Faktoren des Schreib- bzw. Problemlösungsprozesses ergeben sich aus dem kommunikativ-situativen Umfeld des Schreibenden uns sind geprägt durch
- die zeitlichen, räumlichen und sozialen Bedingungen des Schreibens,
- die mit der Zwecksetzung des Schreibens verbundenen Schreib- bzw. Textfunktionen,
- die antizipierten Erwartungen des Adressaten bezüglich der Thematik des Textes und der Besonderheit der Textgestaltung.

Diese internen und externen Faktoren des Schreibens stehen in einem Wechselverhältnis zueinander und können Teilprobleme des schriftsprachlichen Problemlösungsprozesses darstellen. Die Lösung dieser Teilprobleme setzt beim Schreibenden kreative und kognitive Fähigkeiten voraus bzw. entwickelt selbige weiter.

Folgende *Determinanten des Kreativ-kognitiven Schreibens* erachten wir im Rahmen unseres konzeptuellen Modellierungsversuches als relevant für die Gestaltung des Schreibprozesses:

Inspiration:
Der Schreibende nutzt bzw. entwickelt sein kreatives Potenzial bei der Lösung einer individualorientierten Schreibaufgabe. Dabei durchlebt er insbesondere die ersten beiden *Phasen des kreativen Prozesses (Vorbereitung und Inkubation)* (vgl. Kap. 2.2.) sowie *des kognitiven Problemlösungsprozesses (Orientierung und Information)* (vgl. Kap. 2.4.) und wendet sie bei der Planung seines Textes an. Zudem realisiert er phasenbezogene kreative und kognitive Techniken, die sowohl ein intuitives als auch ein systematisch-analytisches Vorgehen erlauben.

Kognition:
Das systematisch-analytische Moment des inspirativ-kreativen Vorgehens beim Textproduzieren wird durch die bewusste Gestaltung der einzelnen *Phasen des Problemlösungsprozesses* (vgl. ebenda) gestärkt. Der Schreibende strukturiert seine Schreibhandlung, wobei strukturelle Ähnlichkeiten zwischen kognitiven und kreativen Prozessen schreibförderlich wirken können. So vermag insbesondere die kognitive Phase der *Planung* eine Verbindung mit der kreativen Phase der *Illumination* einzugehen. Auf der Ebene der Identitätsentwicklung kann es Parallelitäten zur *Hypothesenbildung* geben (vgl. Kap. 2.5.). Das kognitive Moment wird durch *metakognitive Aktivitäten* ergänzt:
Der Schreibende entwickelt durch das Schreiben und über das Schreiben hinaus ein Verhältnis zu seinem Denken und – im Sinne der Identitätsbildung – zu sich selbst. Er bedient sich *selbstreflexiver Strategien des Planens, Überwachens und Steuerns* (vgl. Kap. 2.4.), mit Hilfe derer er sein kreatives und kognitives Vorgehen beim schreibenden Problemlösen in allen Phasen des Prozesses spiegelt und steuert. Er beobachtet und überwacht die internen und ex-

ternen Dispositionen der Textproduktion und greift bei Schwierigkeiten während des Textschreibens regulierend ein.

Produktion:
Im Zuge der *Formulierung* des Textes kommt es zur Realisierung der *Idee* und des Konzeptes für die schriftliche Lösung des Problems. Dabei orientiert sich der Schreibende an Texten und Textmustern (vgl. Kap. 2.4.) sowie an Textnormen. Er erprobt Varianten sprachlicher Formulierungen und - wenn möglich - fiktiver, identitätsbezogener *Alternativen* seines Selbstkonzeptes.

Evaluation:
Die wichtige Funktion regulativer Teilhandlungen des Schreibens resultiert nicht zuletzt aus der angestrebten Qualität des Schreibproduktes. Der entstehende Text wird anhand der Aufgabenadäquatheit, des Themen- bzw. Problembezugs, der sprachlichen Angemessenheit, der Kreativität im Sinne von Neuartigkeit und Nützlichkeit (vgl. Kap. 2.2.), des Individualstils (vgl. ebenda) sowie seines Beitrages zum Gewinnung eines Selbstkonzepts fortlaufend *bewertet.*
Um dem Text die notwendige Wirkung zu verleihen, um aber auch den Normen und Standards im Sinne der Textsorten- und Textmusteradäquatheit gerecht zu werden, *überarbeitet* der Schreibende seinen Text, bis dieser seinen persönlichen Anforderungen und / oder den gesellschaftlichen Konventionen entspricht (vgl. Kap. 2.3.).
Steht die Textproduktion unter einem explizit kommunikativen Aspekt, so erfolgt schließlich die *Präsentation* des Schreibproduktes im öffentlichen Raum. Die Leser- oder Hörerreaktionen geben dem Textproduzenten ebenfalls eine Rückmeldung bezüglich der Wirksamkeit seines Produktes.

Diese – hier nur skizzierten – Determinanten des Schreibens bilden die Basis unseres methodisch noch zu präzisierenden Schreib- und Identitätsentwicklungsmodells und können zugleich als anzustrebende Kompetenzen im Rahmen unserer schreibdidaktischen Bemühungen aufgefasst werden. Es gilt, auf der Grundlage eines *Modells vom Kreativ-kognitiven Schreiben* didaktisch-methodische Angebote zu unterbreiten, die einen Praxistransfer der bisher vornehmlich theoretisch gewonnenen Erkenntnisse zulassen (siehe Kap. 4).

3. Schreibaufgaben und Schreibleistungen – Eine exemplarische Analyse des schreibunterrichtlichen Kontextes

Im Anschluss an die theoriebezogenen Betrachtungen zu Schlüsselbegriffen und Konzepten der Schreibentwicklung werden im Folgenden Untersuchungsergebnisse referiert, die auf einer schreibpraxisbezogenen Analyse des deutschdidaktischen Kontextes beruhen. Die Fokussierung auf den Deutschunterricht geschieht auch eingedenk dessen herausragender Bedeutung für die Identitätsfindung Heranwachsender:

„Gerade der Sprach(en)unterricht gilt als das Beispiel für eine bewusste Auseinandersetzung mit Werten, für identitätsstiftendes Lernen an Vorbildern, für das Verstehen und Sich-Orientieren-Lernen mithilfe von Sprache. Kreative gestaltende Inhalte, soziale Dimensionen, persönlichkeitsbildende Aspekte, das breite Spektrum der Erziehung und in besonderen Momenten sogar das Erleben von Sinn – all das ist Teil des Deutschunterrichts“ (Zeitlinger 2009 : 55).

Die Stichproben zu Schulbuchangeboten für den Deutschunterricht auf der Sekundarstufe I sowie zu der mit einer Schreibaufgabe verbundenen Befragung von Lernenden dieser Schulstufe vermittelten einen Einblick sowohl in den Grad der Individualorientierung von Schreibaufgaben als auch in den Stand von Schreibmotivationen und Schreibleistungen in einem untersuchungsrelevanten Textsortenbereich. Im Zuge der Zusammenführung beider Untersuchungsaspekte leiteten wir aus der Schulbuchanalyse eine typische Schreibaufgabe ab, die wir von Lernenden lösen ließen.

3.1. Analyse von Schreibaufgaben in Deutsch-Lehrbüchern der Klassenstufen 8 bis 10

Im ersten Teil der Untersuchung wurden solche Lehrbuchaufgaben analysiert, die sich auf die Ausbildung schriftlicher Darstellungsfähigkeiten beziehen und zugleich auf Aspekte der Identitätsentwicklung bei Heranwachsenden orientieren. Es handelte sich also um Schreibaufgaben in *Sprachbüchern* und in *integrativen Deutschbüchern*, die einen deutlichen Bezug zur Kompetenzentwicklung im Bereich Schreiben / Schriftlicher Sprachgebrauch aufweisen und auf die *Gestaltung nicht literarischer Texte* zielen.
Zur Analyse standen uns 52 Deutschbücher deutscher Schulbuchverlage für Haupt-, Real- und Regelschulen sowie Gymnasien zur Verfügung: 17 Bücher für das 8. Schuljahr, 18 Bücher für das 9. Schuljahr und 17 Bücher für das 10. Schuljahr.
Wir fanden in diesem Material insgesamt 62 zielrelevante Aufgaben.
Geht man davon aus, dass im Schnitt pro Sprachbuch ca. 280 Aufgaben angeboten werden, so entspricht die Analysebasis einem Umfang von ca. 14.560 Aufgaben. Daraus ergibt sich ein Anteil der zielrelevanten Aufgaben von 0,4 % des Gesamtaufkommens der Sprachbuchaufgaben.
Angesichts der hohen Bedeutung einer Thematisierung von Selbstfindungsaspekten für Heranwachsende der im Focus stehenden Klassenstufen auch im Deutschunterricht offenbart sich somit bereits ein beachtliches quantitatives Defizit.

Die ermittelten Aufgaben lassen sich wie folgt klassifizieren:

Aufgabentyp	**Anteil**	**Beispiele**
Formulierung von Lebenslauf und Bewerbungsschreiben mit Darstellung von Gründen für die Berufswahl sowie von Erwartungen an den künftigen Beruf	35 %	Formuliere deinen ausführlichen Lebenslauf. Schreibe nichts, was dir schaden könnte. Schreibe aber auch nichts, was unwahr ist. ... (Klartext 9. Westermann Braunschweig 1998, S. 146) Warum hast du gerade diesen Beruf ausgesucht? Nenne einen oder mehrere Gründe für deinen Berufswunsch. (Das Hirschgrabensprachbuch. 9. Schuljahr. Cornelsen Berlin 1998, S. 99) Verfassen Sie Ihr Bewerbungsschreiben handschriftlich! Legen Sie es zur Beurteilung und Korrektur vor! (Sicher in Deutsch 9. Volk und Wissen Berlin 1998, S. 56)
Selbstcharakteristik mit Analyse eigener Interessen und Fähigkeiten bezüglich des Wunschberufes	18 %	Was will ich werden? Charakterisiere dich selbst... (Deutsch Plus 8. Volk und Wissen Berlin 2003, S. 254) Wer bin ich? ... Wer bist du für andere? ...Welcher Beruf passt zu mir? (Werkstatt Sprache. Sprachbuch für das 9. Schuljahr. Oldenbourg München 1998, S. 80 – 81) Schreibe eine kurze Charakteristik von dir selbst! Zeige die Arbeit deinen Eltern oder Freunden, ohne dass du verrätst, um wen es sich dabei handelt! Lass sie raten, wer gemeint ist! (Deutsch. Wege zum sicheren Sprachgebrauch 8. Volk und Wissen Berlin 1999, S. 67)
Fiktive Darstellung persönlicher Visionen über das zukünftige Leben in einem Traumberuf	18 %	Schreibt die „Wunschbiografie“ eures Lebens! Verfasse eine Zukunftsvision deines Lebens. (Deutschbuch 8. Cornelsen Berlin 2006, S. 40 – 44) Habt ihr euch schon einmal überlegt, was ihr in zehn, zwanzig oder dreißig Jahren machen werdet? Wählt eine Zeit in der Zukunft und notiert in Stichwörtern, wie ihr dann leben möchtet, oder zeichnet es auf. (Mittendrin. Sprachbuch 10. Schuljahr. Klett Stuttgart 1998, S. 43) Schreibe selbst einen Text über deinen Traumberuf. Dabei brauchst du dich natürlich nicht auf einen Beruf festzulegen, sondern kannst ... verschiedene Möglichkeiten ansprechen. (Wortstark 8. Schroedel Hannover 1998, S. 68)
Beschreibung und Beurteilung von Berufsfeldern und Berufen mit Diskussion erforderlicher Voraussetzungen	15 %	Informiere dich über verschiedene Berufe. Wähle einen Beruf aus, der dich interessieren würde. ... Prüfe, ob du die Eignungsvoraussetzungen für den von dir gewählten Beruf erfüllst. ... (Deutsch Plus 8. Volk und Wissen Berlin 2003, S. 256) Sucht Berufe zu ... Berufsfeldern, in denen ihr gerne arbeiten / nicht gerne arbeiten würdet. Erläutert, warum ihr die Berufe interessant / uninteressant findet. (Deutschbuch. Sprach- und Lesebuch 9. Cornelsen Berlin 2006, S. 70) Schreibe auf, was du von einem Betriebspraktikum erwartest, welche Vorstellungen und Wünsche du hast. Natürlich kannst du auch deine Befürchtungen nennen. ... (Wortstark 8. Schroedel Hannover 1998, S. 75)

Erörterung allgemeiner Probleme im Kontext von Berufswahl und Berufsausübung	14 %	Jobben – eine klare Sache? Wie denkt ihr darüber, dass immer mehr Mädchen und Jungen im Alter von 11 – 16 Jahren als Model arbeiten? (Textnah. Sprachbuch 9. Schuljahr. Klett Stuttgart 1999, S. 49) Freie Wahl für Jungen und Mädchen. Hängen eure Entscheidungen auch davon ab, ob ihr Jungen oder Mädchen seid? Habt ihr unterschiedliche Vorstellungen vom Beruf? Bedeutet der Beruf etwas anderes für Männer und für Frauen? … (Mittendrin. Sprachbuch 8. Schuljahr. Klett Stuttgart 1998, S. 61) Kann der Mensch ohne Arbeit leben? (Sprachbuch 10. Bayrischer Schulbuchverlag München 1999, S. 53)

Es dominieren sachbezogen-beschreibende Aufgabentypen, die verständlicherweise auf eine erfolgreiche Bewerbung um einen Ausbildungsplatz bzw. eine berufliche Tätigkeit der Heranwachsenden zielen. Diese Aufgaben orientieren zum einen auf die Einhaltung von Schreibnormen im Sachtextbereich (Bewerbungsschreiben und Lebenslauf) sowie zum anderen auf die Steigerung der argumentativen Überzeugungskraft der sich Bewerbenden. Sie schließen Teilaufgaben zur Informationsbeschaffung bezüglich des Wunschberufes und zur Abklärung erforderlicher Persönlichkeitseigenschaften und Voraussetzungen ein.
Aufgaben, die eher zur Selbstfindung und Selbstbestimmung der Jugendlichen im Kontext von Lebens- und Berufsperspektiven anregen, sind geringer repräsentiert. Die Ansätze zur Selbstcharakteristik und deren Weiterführung zur Selbstinterpretation in Visionen sollten deshalb qualitativ und quantitativ angereichert werden. Eine größere Rolle könnten dabei Schreibaufgaben spielen, die zu einer prononciert kognitiven und auch kreativ-fiktiven Auseinandersetzung der Heranwachsenden mit sich selbst und ihren Wünschen anregen.

Im zweiten Teil der Untersuchung standen *Lesebücher* und *integrative Deutschbücher* der Klassen 8 bis 10 zur Disposition. Wir suchten nach Schreibaufgaben im Kontext des Kompetenzbereiches Lesen / Umgang mit Texten, die vornehmlich auf *fiktive und literarische Texte* Bezug nehmen sowie gleichfalls eine Identitätsorientierung aufweisen. Dabei gingen wir von der Erkenntnis aus, dass gerade das Lesen literarischer Texte von Selbstreflexionen begleitet wird, die identitätsbildend wirken können (vgl. Kap. 2.5.). Wertungen oder Interpretationen von literarischen Texten bzw. die Reaktionen auf solche Texte in produktiven Schreibversuchen sind durch die Persönlichkeit bzw. Lebenserfahrung des jeweiligen Rezipienten geprägt. Folglich regen also mehr oder weniger direkt alle Aufgaben im Umgang mit literarischen Texten die Lerner zur Selbstreflexion an und können somit einen Beitrag zur Identitätsentwicklung leisten. Im Rahmen unseres Forschungsvorhabens sollten jedoch insbesondere solche Schreibaufgaben berücksichtigt werden, in denen explizit das Einbringen der Individualität der Lernenden gefordert wird.

Analysiert wurden unter diesem Aspekt 44 Lehrwerke deutscher Schulbuchverlage für Haupt-, Real- und Gesamtschulen sowie Gymnasien:

- 14 Bücher für das 8. Schuljahr,
- 15 Bücher für das 9. Schuljahr,
- 14 Bücher für das 10. Schuljahr,
- 1 Buch für das 9.und 10. Schuljahr.

In den 44 Büchern fanden sich 73 Schreibaufgaben, in denen die Lernenden im Umgang mit Texten zur Thematisierung bestimmter Aspekte der Selbstfindung bzw. Identitätsentwicklung explizit angeregt werden. Das entspricht in etwa einem Anteil von 0,6 %. Die ermittelten

Aufgaben lassen sich nicht immer ganz eindeutig nur einem Typ zuordnen; im Folgenden wird der Versuch einer Klassifizierung vorgenommen:

Aufgabentyp	**Anteil**	**Beispiele**
Reflexion der eigenen Persönlichkeit bzw. der eigenen Lebenssituation in einem (literarischen) Text	18 %	Schreibe selbst ein Porträt – Gedicht! (Deutschstunden 8. Cornelsen Berlin 1998, S. 119) Eine Schülerin der Jahrgangsstufe 9 hat zu dem Thema „Das ist mein Leben“ ein Gedicht geschrieben. ... Versucht selbst, zu dem Thema ein Gedicht aufzuschreiben. (Deutsch in... 9. Schöningh Paderborn 1996, S. 39) Erfindet eine eigene „Ich habe ...“ –Geschichte (nach dem Beispiel von Angelika Mechtel „Katrin“) (Wortwechsel 10. Schöningh Paderborn 1994, S. 197) Sprecht darüber, wie eure eigenen Ich-Gedichte aussehen könnten. Wollt ihr über Erfahrungen von Einsamkeit, Trauer, Glück ... schreiben? ... Lest eure Gedichte vor! (Unterwegs. Klasse 10. Klett Stuttgart 1996. S. 167)
Darstellung von Erfahrungen oder Erlebnissen in einem Text	30 %	Habt ihr euch selbst schon einmal als Außenseiter gefühlt? Schreibt einen Brief an Robert, in dem ihr von euren Erfahrungen berichtet. (deutsch.punkt 4. Klasse 8. Klett 2008) Vergleichen Sie diese Notizen mit Ihren eigenen Erfahrungen und versuchen Sie Ihre „Katastrophen“ aufzuzeichnen. (Deutsch. Texte – Literatur – Medien. Klasse 9. Volk und Wissen Berlin 1998, S. 12) Notiert, was ihr selbst von euren Eltern oder Großeltern gelernt habt. (deutsch.punkt 5. Klasse 9. Klett Stuttgart 2008, S. 134) Mach es wie Mark und schreibe deinen Eltern einen Brief, in dem du dein Verhalten bei einem bestimmten Vorgang zu erklären, aber auch ihre Situation zu verstehen versuchst. (Wortwechsel 10. Schöningh Paderborn 1994, S. 64)
Gestaltung von Wünschen und Sehnsüchten (oder Ängsten)	18%	Packt dich auch manchmal das Fernweh? Weshalb? (Deutschstunden 8. Cornelsen Berlin 1998, S. 27) Schreibt eigene Tagträume. (Ihr müsst sie nicht unbedingt vorlesen, sie gehören in euer Tagebuch.) (Unterwegs 4. Klasse 8. Klett Stuttgart 2005, S. 61)) „Einfach abhauen – raus aus dem Alltag und hinein in die große, freie, weite Welt“ – davon träumen auch heute junge Leute. Schreibt den Erzählanfang des „Taugenichts“ so um, dass er eurem heutigen Lebensgefühl entspricht. (deutsch.punkt 5. Klasse 9. Klett Stuttgart 2008, S. 73) Stellt euch vor, ihr habt die Möglichkeit, William Weston auf seiner Reise nach Ökotopia zu begleiten und ihr findet dort eine Welt vor, wie ihr sie euch selbst erträumt. Berichtet von dieser Welt. (Deutsch in ...10. Schöningh Paderborn 1996, S. 48)

Fiktive Darstellung der zukünftigen Lebenssituation	10 %	Stellt euch die Umgebung vor, in der ihr in 15 Jahren leben werdet. ... Schreibt möglichst viel von dem, was ihr vor eurem inneren Auge seht, in einer Reihe von Stichworten auf. Verzichtet dabei auf Satzstrukturen ... (Deutschbuch 8. Cornelsen Berlin 2006, S. 51) Malt euch eine Situation in der Zukunft aus und startet eure Zeitreise z.B. mit dem Anfangssatz: Der letzte Mensch sitzt in einem Zimmer, da klopft es an der Tür... (deutsch.kombi. 6. Klasse 10. Klett Stuttgart 2007, S. 46)
Gestaltung der Vorstellungen zur Berufswahl bzw. zur Arbeit allgemein	8 %	Welche Einstellung zur Arbeit ist dir sympathischer? Begründe deine Meinung, zeige auch die Folgen auf. (Zur „Anekdote zur Senkung der Arbeitsmoral“ von Böll) (Wortwechsel Klasse 9. Schöningh Paderborn 1994, S. 45) Verfasst zu eurem Berufspraktikum einen literarischen Text (Roman, Kurzgeschichte, Gedicht o. Ä.), in dem ihr eure Erfahrungen während des Praktikums verarbeitet. (deutsch.punkt 5. Klasse 9. Klett Stuttgart 2008, S. 156) Verfasst einen ähnlichen Text über eure Vorstellungen zur Berufswahl. Verwendet hierbei einen vergleichbaren Schreibstil wie Robert Walser („Der Beruf“). (ebenda, S. 147)
Darstellung von eigenen Einstellungen zu bestimmten Aspekten der Lebensgestaltung (wie Freizeit, Geld, Freundschaft etc.) in Auseinandersetzung mit literarischen Texten	16 %	Verfasst eine Skizze zum Thema „Jung sein heute aus meiner Sicht“. (Arbeit mit Texten Kl. 9/10 Schroedel Hannover 1996, S. 370) „Geld ist die Bedingung für ein angenehmes Leben, für Luxus, Macht, Ansehen, Glück und Zufriedenheit. Oder?“ Erörtert diese Frage. (Deutschbuch 8. Cornelsen Berlin 2006, S. 110) Wie sollte euer Traumpartner sein? Schreibt eine Charakteristik eines Menschen, mit dem ihr euer Leben verbringen möchtet. (deutsch.punkt 4. Klasse 8. Klett Stuttgart 2008, S. 60)

Es wäre auch möglich, die Aufgabenstellungen nach den teilweise explizit geforderten Darstellungsverfahren zu ordnen:

1. Schreiben (bzw. Weiter- oder Umschreiben) narrativer literarischer Texte (Anekdote, Erzählung, Kurzgeschichte, Skizze) (18 %);
2. Schreiben (bzw. Umschreiben oder Ergänzen) von Gedichten (18 %);
3. Erzählen von eigenen (auch fiktiven) Erlebnissen ohne explizite Forderung nach Beachtung von (literarischen) Textsortenmustern, Schildern von Gedanken und Gefühlen (16 %);
4. Beschreiben, Berichten (10 %);
5. Stellung nehmen (Argumentieren, Erörtern, Beurteilen, Charakterisieren, Begründen) (22 %);
6. Vergleichen (5 %) (z.B. „Vergleicht Anne Franks Leben mit eurem eigenen Leben. Zeigt Übereinstimmungen und Unterschiede auf.“ In: Wortwechsel 9. Schöningh Paderborn 1994, S. 134);
7. keine Vorgabe von Darstellungsverfahren bzw. mit Auswahlmöglichkeit (11 %) (z.B. „Was würdest du unter dein Foto schreiben? Formuliere einen Text.“ In: Deutsch plus 10. Cornelsen Berlin 2006, S. 222).

Es ist festzustellen, dass in 52 % der erfassten Aufgabenstellungen erzählende Texte bzw. Gedichte als Ergebnis der Auseinandersetzung mit eigenen Erfahrungen, Erlebnissen und Einstellungen verlangt werden. 37 % der Aufgaben fordern von den Lernenden eine sachbezogen-beschreibende bzw. argumentierende Darstellung dieser Erfahrungen. Beide Varianten erscheinen prinzipiell geeignet, selbstreflexive Prozesse anzuregen bzw. auszulösen, und eröffnen unterschiedlichen Lernertypen die Möglichkeit, in den Aufgaben der einen oder anderen Gruppe die ihnen gemäße Herangehensweise zu finden und auch dadurch etwas über sich selbst zu erfahren.

Aufgabenstellungen, die keine konkret erwartete Textsorte nennen bzw. kein Darstellungsverfahren vorgeben (11 % der erfassten Aufgaben), ermöglichen den Lernenden wahrscheinlich am ehesten, eine ihrer Individualität entsprechende Form der Selbstdarstellung zu finden. Im Hinblick auf authentische Einschätzungen erscheinen solche Aufgaben besonders förderlich, die zur Reflexion bestimmter Aspekte anregen, Freiräume bei der Gestaltung ermöglichen und die Präsentation von Ergebnissen auf der Basis von Freiwilligkeit einräumen (z.B. „Schreibt eigene Tagträume. (Ihr müsst sie nicht unbedingt vorlesen, sie gehören in euer Tagebuch.)" In: Unterwegs 4. Klasse 8. Klett 2005, S. 61).

Gerade bei solchen Aufgabenstellungen sind jedoch auch die Schwierigkeiten hinsichtlich der Einschätzung der Schreibergebnisse absehbar. Es bleibt aber fraglich, inwiefern die Ergebnisse von Selbstreflexionen der Lernenden eingeschätzt werden können, selbst wenn verbindliche Vorgaben genannt werden (z.B. hinsichtlich der Textsorte, des Darstellungsverfahrens, des zu verwendenden Stils etc.). So könnte die Formulierung von stärker lenkenden inhaltlichen bzw. formalen Kriterien - möglicherweise in den die Aufgaben untersetzenden Anweisungen - die Reflexionen in bestimmte Richtungen drängen und somit verfälschen. Wenn die Zielstellung der erfassten Aufgaben explizit in der Anregung von selbstreflexiven Prozessen besteht (und das scheint bei allen der oben angeführten Aufgaben der Fall zu sein), so sollte die Einschätzung bzw. Bewertung der Schreibergebnisse äußerst taktvoll erfolgen und sich gegebenenfalls auf die Berücksichtigung der teilweise vorgegebenen bzw. in der Benennung der Textsorte implizierten Merkmale beschränken.

Zusammenfassend offenbart sich folgendes Analyseergebnis:

Individualitätsorientierte und identitätsbefördernde Schreibaufgaben in den Deutschlehrbüchern der Klassen 8 bis 10 bedürfen einer quantitativen und qualitativen Anreicherung.

Unter quantitativem Aspekt bieten Lesebücher und integrative Werke im Bereich des Lesens eine höhere Anzahl solcher Aufgaben an als Sprachbücher und dominant sprachbezogene Kapitel in integrativen Deutschbüchern.

Unter qualitativem Aspekt sichern Lesebücher ihren Vorsprung durch ein differenzierteres Angebot an Schreibaufgaben mit Selbstfindungsaspekten. Das unterstreicht die bereits explizierte Erkenntnis, dass die Auseinandersetzung mit fiktiven und narrativen Texten ein besonders hohes Identitätsentwicklungspotenzial aufweist. Die Schulbuchautorinnen und –autoren folgen offensichtlich dieser Einsicht. Auch wird in den Aufgaben zu diesem Textsortenbereich die in den Sprachbüchern gegebene Dominanz der Berufswahlthematik aufgegeben und durch eine größere Zahl von Aufgaben zu anderen Selbstfindungsaspekten erweitert.

Es bleibt also bei dem übergreifenden Anliegen, Schreib- und Identitätsentwicklungsprozesse – auch auf der Ebene des Schulbuches – durch ein erweitertes Angebot an Schreibaufgaben zu befördern, wobei es nicht nur auf die Erhöhung der Quantität ankommt. Entscheidend ist eine stärkere konzeptuelle Fundierung dieses Angebotes, eine Leistung, die wir im weiteren Verlauf unserer Untersuchung erbringen wollen.

3.2. *Analyse der Schreiber-Kompetenz bei Sekundarstufenschülerinnen und –schülern*

Eine exemplarische Erhebung zur Schreiber-Kompetenz von Lernenden auf den Klassenstufen 8 bis 10 basierte auf einer Schreibaufgabe mit anschließender Befragung.
Die Aufgabe lautete:
Erzähle schriftlich, wie ein Tag in deinem Traumberuf aussehen könnte!

Es handelte sich hierbei um eine für Sprach- und Lesebücher auf diesen Klassenstufen typische Schreibaufgabe, die die Lernenden zur fiktiven Darstellung ihrer Visionen über das zukünftige Leben – hier im Kontext ihres Traumberufes – anregen soll. Das Vorkommen an Aufgaben dieses Typs belief sich bei unserer Lehrbuchanalyse auf 28 % der identitätsbezogenen Aufgabenstellungen.
Im Anschluss an die Aufgabenlösung und damit die Produktion eines narrativen Textes, der einen Umfang von einer A4-Seite nicht überschreiten sollte, wurden die Schreibenden mittels eines Fragebogens aufgefordert, über den Schreibprozess zu reflektieren. Sie hatten dazu folgenden Fragebogen auszufüllen:

Wie alt bist Du? __________

Was hat das Schreiben des Textes über Deinen Traumberuf bei Dir ausgelöst?

	Ja	nein	weiß nicht
Freude über die kreative Aufgabe	☐	☐	☐
Angst vor fehlenden Einfällen	☐	☐	☐
Nachdenken darüber, über welche Kenntnisse ich verfüge, die ich zur Lösung der Schreibaufgabe brauche	☐	☐	☐
Nachdenken über mich selbst, um die Aufgabe möglichst gut lösen zu können	☐	☐	☐
Neugier auf die Texte der anderen Schüler	☐	☐	☐
Angst vor Reaktionen meiner Mitschüler oder des Lehrers auf meinen Text	☐	☐	☐
Möchtest Du Deinen Text Deinen Mitschülern vorlesen oder ihn vorlesen lassen?	☐	☐	☐

Möchtest Du mit Deinen Mitschülern über Deinen Text sprechen?	☐	☐	☐
Möchtest Du mit Deinem Lehrer über Deinen Text sprechen?	☐	☐	☐

Vielen Dank für Deine Mitarbeit!

Bei der Analyse des Materials konzentrierten wir uns auf die *Qualität des Schreibproduktes* sowie auf die *Qualität der Schreibreflexionen*.

Die Analyse der *Qualität des Schreibproduktes* geschah auf der Basis eines Kriterienrasters (vgl. Abb. 5), das folgende Spezifikationen aufweist:

Erstens werden die Qualitätskriterien auf *narrative Texte* bezogen. Diese Spezifizierung beruht auf der bereits explizierten Forderung, dass sich die Kompetenzentwicklung und – messung stets auf einen ausgewählten Gegenstandsbereich konzentrieren sollten, um den Gefahren von quantitativ überlastigen Beobachtungskonstellationen zu entgehen (vgl. Kap. 2.1.). Außerdem erfolgt die Auswahl dieser Textsorte im Bewusstsein der besonderen Eignung des Erzählens für die Ausprägung biografischer Identität (vgl. Kap. 2.5.).
Als Hauptkriterien der Textgestaltung werden die *Zielerreichung*, der *Sachbezug*, die *Strukturierung* und die *Formulierung* beurteilt. Da es sich um die Lösung einer kreativ-fiktiven Schreibaufgabe handelt, stellen Aspekte sprachlicher Kreativität einen der Formulierung untergeordneten Beobachtungsschwerpunkt dar.
Zweitens werden die Texte auf *reflexive (metakommunikative und metakognitive) Elemente* untersucht, die nicht zuletzt die Authentizität des Schreibenden vermitteln. Der Focus richtet sich auf Äußerungen, die den Schreibprozess, die Schreibmotivation und das Selbstbild des Schreibenden spiegeln.
Drittens verfolgen wir Spuren des *Überarbeitens* in den Texten. Da die Lösung der Schreibaufgabe in einem Zug, also ohne schriftliche Vorarbeiten wie eine Gliederung oder ein Entwurf, erfolgen musste, können offensichtliche Korrekturen, Ergänzungen oder Neuformulierungen direkt aus dem Textbild entnommen werden. Hieraus ergeben sich Rückschlüsse auf die Textoptimierungsaktivitäten der Schreibenden.

Die Analyse der *Qualität der Schreibreflexionen* ist untrennbar mit der zur Qualität des Schreibproduktes verbunden und ergänzt diese. Im Mittelpunkt stehen Fragen bzw. Antworten, die auf kreativ-kognitive Teilkompetenzen der Schreibenden schließen lassen. Die standardisierte Befragung (s.o.) impliziert *Reflexionen über*

- *die Schreibaufgabe* (die Schreibmotivation und damit verbundene Emotionen),
- *das Schreibwissen* (die Rolle von Kenntnissen zur Aufgabenlösung),
- *die Schreiber-Identität* (die Bedeutung des Selbstbezugs beim Schreiben),
- *die Textpräsentation* (die Kommunikationsbereitschaft der Schreibenden).

Unsere exemplarische Analyse umfasst Texte und Antworten von 150 Schülerinnen und Schülern aus sieben Thüringer Regelschulen. Die Befragten waren im Befragungszeitraum von März bis Juli 2008 zwischen 13 und 16 Jahren alt. Die Lernenden lösten die Aufgaben im Rahmen ihres Deutschunterrichts.

Unsere Untersuchungsergebnisse referieren wir entsprechend der beiden Hauptaspekte:

1. Qualität des Schreibproduktes

Für die Qualitätsanalyse des Textes wurden 5 Kriterien konkretisiert, die sich aus der o.g. Darstellung ergeben:
- *Zielerreichung* (Gesamteindruck),
- *Sachbezug* (Gesamtidee),
- *Strukturierung* (Textaufbau),
- *Formulierung* (Angemessenheit),
- *Reflexion* (Authentizität).

Pro Kriterium und Text waren 3 Punkte zu verteilen:
- 1 Punkt für die ansatzweise Erfüllung des Kriteriums,
- 2 Punkte für die ausreichende Erfüllung des Kriteriums,
- 3 Punkte für die umfassende Erfüllung des Kriteriums.

Somit konnten pro Text maximal 15 Punkte erreicht werden. Das Diagramm zur Auswertung der Qualität des Schreibproduktes (vgl. Abb. 6) spiegelt die prozentuale Erreichung der kriterienbezogenen Punktzahl wider.

1.1. Qualität des Erzähltextes

Die Texte haben eine geringe erzählerische Qualität. Statt der implizierten Fantasieerzählung (Merkmale vgl. Frentz 2006 : 132) dominieren Texte in der Art fiktiver Berichte über einen Tag in einem eher als „Wunschberuf" denn als „Traumberuf" zu bezeichnenden Tätigseins. Ungefähre Tageszeitangaben werden mit erwünschten oder angenommenen – auch unerwünschten – Tätigkeiten in der Spanne vom Aufstehen bis zum Zu-Bett-Gehen aufgelistet. Die kreative Gestaltung von Vorstellungen, Träumen oder Utopien sowie das Aufarbeiten eigener Wünsche, Ängste, Wertmaßstäbe o.Ä. ist absolut unterrepräsentiert. Damit werden die Chancen zur Selbsterkenntnis und zum kreativ-kognitiven Experimentieren kaum genutzt (vgl. Text in Abb.7).
In 32% aller Texte dominiert der *Sachbezug*, d.h., die Probanden *beschreiben* einen Tag in ihrem künftigen Berufsleben. Die Darstellungen sind in der Weise thematisch konsistent, als sie durch einen expliziten tageszeitlichen Rahmen eine relative zeitliche Geschlossenheit aufweisen. Die fiktionalen und damit auch erzählerischen Aspekte der Textgestaltung sind dabei generell unterrepräsentiert. Somit erreicht dieses Kriterium zwar die höchste, aber dennoch steigerungsbedürftige durchschnittliche Punktzahl 0,96 von maximal 3,0.
Die Qualität der *Formulierung* korrespondiert mit dem Kriterium des Sachbezugs. 25% der Texte spiegeln ihren beschreibenden und berichtenden Grundgestus auch auf der Formulierungsebene wider. So werden die tageszeitlichen Angaben zu den jeweils fiktiv ausgeführten Tätigkeiten stilistisch angemessen in Beziehung gesetzt, wobei man jedoch weitgehend auf wertende Äußerungen verzichtet. Damit ist weder eine Erzählhaltung noch eine Erzählsprache vorzufinden. Die Texte sind eher informativ-sachlich als narrativ-anschaulich gestaltet. Das Formulierungskriterium zeigt eine Durchschnittspunktzahl von 0,75.
Das Kriterium der *Zielerreichung* weist einen Durchschnittswert von 0,60 auf. Auch das spricht von einer relativ gering ausgeprägten Fiktionalität der Texte. In nur 23% der Darstellungen ist ein unterschiedlich stark ausgeprägter Grad von Erzählwürdigkeit, Interessantheit und auch Ungewöhnlichkeit bezüglich der Schreibidee und deren Umsetzung zu erkennen. In zu wenigen Texten trifft man auf Ansätze einer subjektorientierten Fiktion mit einem erzähltypischen Unterhaltungswert (vgl. Text in Abb.8).
Die Textstrukturen von 19% der Darstellungen entsprechen dem Sachbezug in der Weise, dass sie der Chronologie des erfragten Tages folgen und damit einer strukturellen Kohärenz im Sinne des Beschreibens bzw. Berichtens entsprechen. Für das Kriterium der *Strukturierung* kann damit eine Durchschnittspunktzahl von 0,57 vergeben werden.

1.2. Anteil reflexiver Textelemente

Nur 26 der 150 untersuchten Texte (8 %) weisen vereinzelte reflexive Äußerungen der Schreibenden auf. Diese lassen im Sinne einer Selbsteinschätzung auf ein mehr oder weniger konturiertes Selbstbild schließen und sind direkt mit Elementen der fiktiven beruflichen Situation verbunden:
„Als Industrieelektroniker kann ich meine handwerklichen Fähigkeiten voll ausschöpfen."
„Ich mag es, mich Forderungen zu stellen."
„Ich weiß, dass Modeln schwer ist, aber ich mag es, wenn ich geschminkt werde."
Das Kriterium *Reflexion* erlangt eine durchschnittliche Punktzahl von nur 0,24.
Damit bleiben auch die Leitfragen der Identitätsfindung im Zusammenspiel mit biografischen Bezügen und mit der Suche nach Identitätsentwürfen (vgl. Kap. 2.5.) weitgehend unbeantwortet.
Metakognitive und metakommunikative Aussagen zum Verlauf und zu den Bedingungen des Schreibprozesses existieren in den Lernertexten nicht. Es ist allerdings auch anzumerken, dass solche nicht explizit gefordert waren.

1.3. Spuren des Überarbeitens im Sinne der Textoptimierung

In 32 von 150 Texten sind Überarbeitungsaktivitäten erkennbar, die jedoch nur mit geringem Erfolg beschieden waren. Die Korrekturen bestehen aus 30 Streichungen (94 %), 10 grammatisch-orthografischen Korrekturversuchen (31 %), 7 Neuformulierungen auf lexikalischer und syntaktischer Ebene (22 %), 3 Ergänzungen (9 %) und 2 Textvarianten (2 %). Damit sind den Schreibenden wenig ausgeprägte Überarbeitungsaktivitäten zu attestieren. Die Ursachen hierfür könnten in entwicklungsbedürftigen Überarbeitungskompetenzen liegen, aber ebenso der zu produzierenden Textsorte geschuldet sein. So wies Rau nach, dass ein Schreiber um so mehr revidiert, „je schwieriger sich die Produktion eines Textes für ihn darstellt" (Rau 1994 : 85). Es scheint also auch möglich, dass den Probanden der geforderte Erzähltext im Gegensatz zu stärker normierten Textsorten nicht sonderlich anspruchvoll vorkam.

2. Qualität der Schreibreflexion

Die diesbezüglichen Analyseergebnisse werden ebenfalls in einer Übersicht veranschaulicht (vgl. Abb. 9). Ihre Interpretation konzentriert sich auf folgende Schwerpunkte:

2.1. Reflexion über die Schreibaufgabe

78 der 150 Befragten (52 %) dokumentierten ihre Freude über die kreative Schreibaufgabe, 45 (30 %) waren sich unschlüssig und 27 (18 %) sahen sich von dieser nicht zum Schreiben animiert. Dieses Ergebnis korrespondiert mit der Tatsache, dass auch 92 Befragte (61 %) angaben, keine Angst vor fehlenden Einfällen zu verspüren. 30 Befragte (20 %) hatten allerdings diese Angst und 29 (19 %) konnten dieses Gefühl nicht identifizieren. Dieses Ergebnis spricht für die hohe Motivationskraft einer kreativen Schreibaufgabe und belegt zum wiederholten Mal schreibdidaktische Befunde zur hohen Wertschätzung kreativen Schreibens bei älteren Lernenden (vgl. Kap. 2.4.). Zudem zeigt unsere Analyse, dass ein freudiges Herangehen an die kreative Aufgabe auch zu einer relativ angemessenen Textqualität führte, während die meisten Verfasser von Texten geringerer Qualität ihre Angst vor fehlenden Einfällen zugaben und Freude verneinten.

2.2. *Reflexion über das Schreibwissen*

58 Schreibende (39 %) vermerkten, dass sie über ihre zur Lösung der Schreibaufgabe notwendigen Kenntnisse nachdenken. 51 Schreibende (34 %) konnten die entsprechende Frage nicht beantworten; 40 (27 %) verneinten sie. Dieses Befragungsergebnis ist in Relation zur Unterrepräsentanz metakognitiver Textelemente in den Darstellungen zum Traumberuf zu sehen.

2.3. *Reflexion über die Schreiber-Identität*

Der o.g. Befund trifft auch auf diesen Beobachtungsaspekt zu: Nur 97 Befragte (65 %) verspürten ein Nachdenken über sich selbst, während sich 24 Befragte (16 %) nicht darüber im Klaren waren und 29 Befragte (19 %) die Selbstreflexion verneinten. Leider ist die Selbstspiegelung der 97 Bejahenden nicht oder nur ansatzweise in die Textgestaltung eingeflossen.

2.4. *Reflexion über die Textpräsentation*

Nur 57 Probanden (38 %) gaben ihre Neugier auf die Texte ihrer Mitschüler zu. Hierbei handelte es sich wiederum um solche Schreibenden, die ein positives Verhältnis zur Schreibaufgabe und ein relativ gutes Schreibergebnis dokumentierten. 23 Schreibende (15 %) waren sich ihrer Neugier nicht gewiss und sogar 71 Befragte (47 %) zeigten keine Neugier, wohl auch deshalb, da sie in der Mehrzahl selbst relativ anspruchslose Texte verfasst hatten. Die Angst vor der Textpräsentation beherrschte 98 Befragte (65 %). 30 Befragte (20 %) zeigten eine solche Angst nicht; 22 (15 %) waren sich nicht sicher. Die relativ stark ausgeprägte Neugier auf andere Texte stieß auf den schwach entwickelten Wunsch, den eigenen Text öffentlich zu machen: 94 Befragte (63 %) verweigerten sich, 30 Befragte (20 %) kreuzten ihre Unschlüssigkeit an und nur 25 Schreibende (17 %) wollten ihren Text zu Gehör bringen. Den Wunsch, mit den Mitschülern über ihren Text zu sprechen, verspürten auch nur 25 Befragte (17 %), 30 Befragte warteten ab und 95 (63 %) lehnten ab. Ähnlich schwach ausgeprägt war der Wunsch, mit dem Lehrenden über den eigenen Text zu kommunizieren: 96 Befragte (64 %) verneinten diesen Wunsch, 28 (19 %) ließen sich die Option offen und nur 26 (17 %) wollten den Fachmann bzw. die Fachfrau zu Rate ziehen.

Stellt man zusammenfassend eine Relation zwischen diesen Teilergebnissen her, so zeigt sich Folgendes:

Die relativ hohe Schreibmotivation, d.h. die Freude über die kreative Schreibaufgabe und der partiell vorhandene Wille, über sich und das Problemlösungswissen nachzudenken, stehen im Kontrast zu einer stark entwicklungsbedürftigen Textqualität sowie zu einer mangelnden Kommunikationsbereitschaft im Sinne der textbezogenen Verständigung der Schreibenden untereinander bzw. der Schreibenden mit Experten (Lehrern). Letzteres spiegelt zum einen das soziale Konfliktpotenzial beim Textpräsentieren innerhalb der Schreibergemeinschaft wider. Zum anderen ist dieser Befund aber (immer noch) Ausdruck eines Wesensmerkmals von Schreibprozessen: Sie finden in einer relativen sozialen Isoliertheit des Schreibenden statt. Die Monologsituation des Schreibens verlangt nach Zeit, Ruhe und Ungestörtsein. Der Eintritt in eine Dialogsituation, in ein Gespräch über den eigenen Text stellt eine Hemmschwelle dar, die bei kreativen und fiktiven Texten besonders hoch scheint. Aus schreibdidaktischer Sicht ist diese Isolierungstendenz des Schreibenden in der Phase des Textproduzierens zu akzeptieren. Unter dem Schreibentwicklungsaspekt jedoch sind kommunikative und metakommunikative Aktivitäten einer Schreibergemeinschaft – insbesondere in den Phasen der Textplanung und der Textevaluation - unerlässlich. Gerade die Befähigung zum Verfassen qualitätvoller narrativer Texte bietet vielfältige Möglichkeiten und – im Sinne der Schreibentwicklung – Notwendigkeiten von dialogischen Teilhandlungen und Sozialformen des Unterrichtens, wie z.B. im Rahmen der Werkstattarbeit (vgl. Frentz 2006 : 129). Was die Qualität der Lernertexte anbelangt, so wird deutlich, dass die Vorgabe einer solchen individualorientierten Schreibaufgabe allein nicht ausreicht, um erfolgreiche Schreibprozesse zu initiieren. Vielmehr bedarf es einer konzeptuellen Einbettung von Schreibimpulsen und Schreibaufgaben in eine schreib- und identitätsentwicklungsförderliche Handlungsstruktur. Diese Forderung gilt auch für die Angebote in den Lehrbüchern. Insofern erfährt unser übergeordnetes Projektziel durch diese Stichprobenanalysen eine weitere Bestätigung.

4. Schreibaufgaben im Rahmen des Kreativ-kognitiven Konzeptes

4.1. Kompetenz- und identitätsbildende Aktivitäten beim Lösen von Schreibaufgaben

Unsere exemplarische Analyse des schreibunterrichtlichen Kontextes bestärkt uns in unserem Untersuchungsziel: Es geht uns um die Erarbeitung eines *Konzeptes zur Entwicklung von Schreiber-Kompetenz und Schreiber-Identität bei Lernenden auf den Sekundarstufen* im Sinne der Ausbildung von Kompetenzen zur

- Produktion und Rezeption schriftsprachlicher Texte (*Textkompetenz*),
- Selbstreflexion und Selbststeuerung in Schreibprozessen (*Selbstkompetenz*),
- Selbstfindung und Selbstbestimmung als Heranwachsende (*Selbstkonzept*).

In Anbetracht der bereits in ihrer Relevanz für unser Vorhaben explizierten Determinanten des Schreibens sehen wir in unserem Modell vom *Kreativ-kognitiven Schreiben* (vgl. Abb. 10) eine geeignete konzeptionelle didaktische Basis für schreibmethodische Konkretisierungen (vgl. Kap. 2.7.). Die folgenden Thesen, abgeleitet aus unseren bisherigen theoriebezogenen Untersuchungen, begründen unsere Erwartungshaltung bezüglich der Wirksamkeit dieses Konzeptes:

- *Schreiber-Kompetenz* und *Schreiber-Identität* können sich in der *Balance* zwischen den durch Schreibstandards determinierten Teilkompetenzen im Rahmen unterrichtlicher Schreibentwicklung (*Standardisierung*) sowie kreativen und selbstreflexiven schreibdidaktischen Angeboten (*Individualisierung*) ausbilden.
- Für eine ausgewogene Entwicklung von *Schreiber-Kompetenz* und *Schreiber-Identität* ist eine *Individualorientierung von Schreibsituationen* notwendig. Diese basiert auf Bedingungen, die dem Lernenden zum schreibenden Problemlösen, zum Reflektieren seines Schreiberverhaltens und zum Erkennen seiner Entwicklungsperspektiven verhelfen.
- *Individualorientierte Schreibaufgaben* erfüllen diese Bedingungen insbesondere dann, wenn sie die Gestaltung von kognitiven (epistemisch-heuristischen) und kreativen (fiktional-narrativen) Texten zur Biografie und zu Schreib- und Lebensperspektiven von Lernenden initiieren.

Wir gehen davon aus, dass das Kreativ-kognitive Modell auch deshalb Erfolg versprechend erscheint, da es konsensfähige Elemente bewährter kognitiver und kreativer Schreibmodelle vereinigt und zugleich identitätsbezogene Aspekte berücksichtigt. Die Ganzheitlichkeit des Konzeptes spiegelt sich in seiner Struktur wider: Die kreativ-kognitiven *Determinanten* des Schreibens bestimmen die einzelnen prozessualen *Phasen*, die wiederum von kompetenz- und identitätsbildenden *Aktivitäten* getragen werden:

- Die von *Inspiration* geprägten Phasen der *Orientierung* und *Information* rufen zum Repräsentieren der Schreibaufgabe und Bereitstellen von Inhalten unter kompetenzbildendem Aspekt sowie zur Selbstmotivation und Selbstbefragung unter identitätsbildendem Aspekt auf (vgl. Abb. 11).
- Die *kognitive Determinante* dominiert bei der *Planung* des Schreibproduktes und Schreibprozesses, indem der Schreibende sowohl die Struktur seines Textes und den

Ablauf seiner Schreibtätigkeit bedenkt als auch sich selbst in seinen Schreibvoraussetzungen einschätzt (vgl. Abb. 12).

- In der *Textproduktionsphase* ist die *Formulierungskompetenz* des Schreibenden gefordert, aber ebenso seine Fähigkeit, sich beim Schreiben von Selbstentwürfen zu beobachten und zu steuern (vgl. Abb. 13).
- Die *Evaluation* ist sowohl das prozessbegleitende Element als zugleich der Abschluss des Schreibprozesses: Der Schreibende liest und korrigiert seinen Text, identifiziert und revidiert Unzulänglichkeiten und bereitet die *Präsentation* der Endfassung vor. Seine Selbstreflexionskompetenz wird dadurch gefordert, dass er sich in seiner Schreibleistung beurteilt, sein Schreibergebnis bewertet und sich in seiner Präsentationsleistung reflektiert (vgl. Abb. 14).

Die modellierten Determinanten, Phasen und Aktivitäten implizieren in ihrer Abfolge zwar eine Chronologie des Schreibens, sind jedoch in permanenter Wechselwirkung durch prozessbegleitende Vor- und Rückgriffe zu verstehen. Für die schreibmethodische Realisierung des Konzeptes ergeben sich zwei prinzipielle Möglichkeiten: Einmal können schreibunterrichtliche Interventionen auf horizontaler Ebene stattfinden, d.h., die Lernenden werden mittels verschiedener Schreibaufgaben jeweils nur innerhalb einer Phase aktiviert. So werden sie z.B. aufgefordert, sich in mehreren Themen zu orientieren und damit auch unterschiedliche Begrifflichkeiten zu analysieren und sich differenzierte Selbstbezüge zu erarbeiten. Zum anderen ist eine vertikal strukturierte Textproduktion möglich: Die Schreibenden orientieren sich bei der Lösung einer Schreibaufgabe an der Abfolge der Schreibphasen, wobei sie die Folge individuell variieren können. Mit steigender Schreiber-Kompetenz lassen sich beide Möglichkeiten miteinander kombinieren: In jeder Phase des Schreibens und Reflektierens wird mit textuellen Varianten operiert.
Es sei an dieser Stelle wiederholt auf die hohe motivationale Bedeutsamkeit der *Schreibaufgabe* verwiesen. Wie bereits dargestellt, sind Schreibentwicklungs- und Identitätsfindungsprozesse stets mit persönlichkeitsrelevanten Problembereichen zu vernetzen (vgl. Kap. 2.5.). Das zieht zwei Konsequenzen nach sich: Zum einen sind Schreibaufgaben an konkrete individualbezogene Themen zu binden, um den Schreibenden die Entwicklung ihres Selbstkonzeptes zu erleichtern. Zum anderen sollten Schreibaufgaben auch das Schreiben selbst thematisieren, damit die Schreibenden zur Reflexion und Steuerung ihres individuellen Schreibens angeregt werden:

„Das Bewusstsein, das eine Identität konstruiert, ist selbst Teil dieser Identität; *was* ich konstruiere, ist auch eine Folge dessen, *wie* ich konstruiere. Darum muss der Schreibende sein Schreiben zum Thema machen, sich dabei selbst beobachten" (Wucherpfennig 2006 : 174).

4.2. Mein Berufswunsch – ein kompetenz- und identitätsbildendes Schreibprojekt

Das folgende Schreibprojekt stellt einen exemplarischen Versuch der schreibmethodischen Konkretisierung des Kreativ-kognitiven Konzeptes dar. Es erhebt aus unterrichtspraktischer Sicht nicht den Anspruch auf Vollständigkeit, weder hinsichtlich des Umfangs noch der Realisierung. Es ist ein Angebot zur Initiierung vielgestaltiger kompetenz- und identitätsbezogener Schreibaktivitäten, bei dem die Kreativität, Kognition und Individualität der Schreibenden gleichermaßen gefordert ist.

Im Mittelpunkt steht das Problem der Berufsvorbereitung, das zu den alterstypischen Problematiken mit größter persönlicher Bedeutsamkeit gehört (vgl. Kracke 2004). Die Motivation, sich mit diesem Problem auseinanderzusetzen, wird durch die soziale Komponente der Projektarbeit erhöht. Die Teilnehmenden sehen den Sinn ihrer Mitarbeit nicht nur in der Möglichkeit, sich selbst einem berufsbezogenen Selbstkonzept zu nähern und sich dabei als Schreibende besser verstehen zu lernen, sondern sie erkennen in der Anregung ihrer Mitarbeiter durch ihre Texte eine weitere lohnenswerte Aufgabe. Die Projektpräsentation, eventuell auch außerhalb des Arbeitskreises, schafft somit eine zusätzliche extrinsische Schreibmotivation. Prinzipiell motiviert das Thema *Berufswunsch* Lernende auch deshalb, weil sie dessen praktische Bedeutung wohl schnell erkennen:

„Schülerinnen und Schüler wünschen sich sinnvolle Berufsperspektiven ... Nur sind die Vorstellungen oft vage, es fehlt an Orientierung, und die pädagogische Herausforderung besteht vor allem darin, solches Orientierungswissen sowie das notwendige praktische Know-how schülergerecht und systematisch aufzubereiten" (Gessner / Kuhley 2006 : 28).

Die projektgebundenen und phasenbezogenen Schreibaufgaben werden ergänzt durch Instruktionen, die sowohl auf textbezogene Gestaltungsfähigkeiten als auch auf selbstbezogene Reflexionsfähigkeiten zielen. Beispiele aus dem fiktionalen und nicht fiktionalen Textsortenbereich dienen als Textmuster und als Orientierungsgrundlage für Selbstreflexionen. Der autobiografische Bezug dieser Texte resultiert aus ihrer besonderen Eignung für die Ausbildung von Schreiber-Identitäten (vgl. Kap. 2.5.). Auch um einer Marginalisation insbesondere des autobiografischen Erzählens im Deutschunterricht entgegenzuwirken, folgt unser Angebot der Forderung, „alle relevanten Situationen im privaten und öffentlichen Leben, in denen Menschen von sich und ihren Erfahrungen erzählen, (zu) erfassen und daraufhin (zu) prüfen, inwieweit sie auch für den Deutschunterricht relevant sein könnten" (Feilke / Otto 1998 : 152).

Das im Verlauf der Projektarbeit entstehende Portfolio stellt eine Sammlung von Einzelbeiträgen dar. Diese Einzelbeiträge sind vornehmlich narrative, deskriptive, argumentative, fiktionale und nicht fiktionale Lernertexte, illustriert durch medial differenzierte Veranschaulichungsformen. Das Portfolio kann aus folgenden Elementen bestehen:

1. Selbstdiagnosen (Selbstbeschreibungen, Selbstporträts, Selbstcharakteristiken):
   Wo stehe ich bei meiner Berufswahl? Über welche Kompetenzen verfüge ich?
2. Biografien (autobiografische Erzählungen, Lebensläufe):
   Wie bin ich geworden, was ich heute bin?
3. Wunschvorstellungen (Phantasieerzählungen, Visionen in epischer, lyrischer, dramatischer Form):
   Wie sehe ich mich in meinem Wunsch- oder Traumberuf?
4. Selbstprognosen (Betrachtungen, Erörterungen):
   Welche Ziele setze ich mir und wie schätze ich meine Chancen ein?
5. Schlussfolgerungen (Erörterungen, Argumentationen):
   Was muss ich noch tun, um mich meinem Wunschberuf zu nähern?
6. Reflexionen (Beurteilungen, Bewertungen):
   Was hat mir die Arbeit an diesem Projekt gebracht? Welche Tipps kann ich anderen geben?

Die folgende Darstellung bietet einen Katalog von projekt- und modellgebundenen Schreibaufgaben. Dieser Katalog ist erweiterbar, kann jedoch auch auf Einzelaufgaben reduziert werden, die eine unterrichtspraktische Umsetzung gewährleisten. Eine solche reduzierte Variante wurde durch uns schulisch erprobt (vgl. Kapitel 5).

Mein Berufswunsch – Vorstellungen, Wünsche und Träume zur beruflichen Zukunft

Weißt du schon, was du werden willst?
Wenn ja, dann bist du deinen Mitschülerinnen und Mitschülern vielleicht voraus. Trotzdem solltest du noch einmal darüber nachdenken, ob du dich richtig entschieden hast.
Wenn nein, dann hilft dir dieses Projekt besonders, Klarheit über dich und deine Wünsche zu bekommen.
Im Verlauf des Projektes kannst du Texte schreiben, mit denen du schon relativ deutlich deinen Wunschberuf beschreibst. Du kannst aber auch deine Vorstellungen von einem Traumberuf, den du in weiter Ferne siehst oder den es noch gar nicht gibt, schriftlich gestalten.
Alles, was du an Texten produzierst, sammelst du. Zusammen mit deinem Mitarbeiterinnen und Mitarbeitern stellst du dann ein Portfolio zusammen. Es enthält eure Texte, aber auch Illustrationen (Fotos, Zeichnungen usw.) und Hinweise auf Quellen (Sachtexte, literarische Texte, Interneteinträge), die du genutzt hast und weiterempfiehlst. Damit wird euer Portfolio zu einer Entscheidungshilfe für einen Beruf, auf die andere zurückgreifen können.
Zur Vorstellung des Portfolios – auch außerhalb der Projektgruppe – könnt ihr unterschiedliche Formen (Vortrag, Power-Point-Präsentation, Internetauftritt o.Ä.) verwenden.
Beim Erarbeiten deines Projektbeitrages solltest du die folgenden 7 Arbeits- und Schreibphasen beachten.
Viel Spaß beim Lösen der Aufgaben!

1. ORIENTIERUNG

Welche Aufgabe hat das Projekt?

Beantworte die folgenden Fragen in Stichpunkten:

Was wollen wir mit dem Projekt erreichen?
Wodurch unterscheiden sich „Wunschberuf“ und „Traumberuf“?
Was ist ein „Portfolio“?
Wem präsentieren wir das Portfolio in welcher Form?
Was erwarten unsere Leser bzw. Zuhörer von dieser Präsentation?
Was erwarten meine Projektmitarbeiterinnen und –mitarbeiter von mir?

Was habe ich von diesem Projekt?

Beantworte alle Fragen schriftlich:

Was interessiert mich an diesem Thema?
Weiß ich schon, was ich werden will?
Habe ich einen konkreten Wunschberuf oder nur vorläufige Träume von einem Beruf?

Lies den folgenden Ausschnitt aus einem Jugendbuch und beantworte die sich anschließenden Fragen:

„Man muß ja etwas aus seinem Leben machen. Man Muß Ja Etwas Aus Seinem Leben Machen. …
Meine Mutter fragt mich immer, ob es mir *gutgeht*. Sicher hat sie recht, wenn sie sagt, dass ich > mein Leben anpacken müsse <. Ich möchte ja eine Menge machen, und besonders dumm bin ich auch nicht, das Problem ist nur, dass es nichts gibt, was ich besonders intensiv will. Ich nehme an, man müsste einfach so tun, als wollte man etwas. Man müsste etwas auswählen, worauf man seinen Willen fixieren könnte. Wenn man sich das dann überzeugend genug vormacht, vergisst man vielleicht, dass es nur zum Schein ist. Das ist ja das Komische am

Erwachsensein: Alles geschieht im blutigen Ernst, aber man wird dabei das Gefühl nicht los, als wäre es nur zum Schein. Als man klein war, hat man immer so getan, als ob, und trotzdem kam es einem immer so vor, als wäre es im Ernst.

Am einfachsten wäre es natürlich, sich einzubilden, man wolle eine zweiundzwanzigjährige, etwas dickliche Blondine sein, die in einer Geschenkboutique arbeitet. Aber wo bleibt dann all das andere, was man sich auch einbilden könnte? Das frage ich mich. Und wenn man alles sein möchte, wird man dann gar nichts?"

(Aus: Inger Edelfeldt: Kamalas Buch. Ravensburger Verlag 1993, S. 17 – 18)

Gibt es etwas, was du „besonders intensiv willst"? Was ist es?
Kennst du das Gefühl, alles wäre „nur zum Schein"? Wann hast du das Gefühl verspürt?
Ist es so, dass „man gar nichts wird", wenn „man alles sein möchte"?
Was möchtest du sein?

Wie könnte mein Beitrag zum Projekt aussehen?
Welche meiner beruflichen Vorstellungen könnte ich beisteuern?

Welche persönlichen Stärken kann ich in der Projektarbeit und für meinen Beitrag nutzen?
Auf welche Schwierigkeiten könnte ich während der Arbeit stoßen?
Wie kann ich mit eventuellen Schwierigkeiten fertig werden?

2. INFORMATION

Welche Informationen gibt es zum Projektthema?

Lies den folgenden Zeitungstext und löse die Aufgaben:

Die Hitliste der Traumberufe

Die Traumberufe junger Mädchen sind Künstlerin, Schauspielerin und Innenarchitektin. Die jungen Männer träumen meist davon, Schriftsteller, Ingenieur oder Manager zu werden. Nach einer vom Institut der deutschen Wirtschaft veröffentlichten Hitliste der Traumberufe finden elf Prozent der Mädchen den Beruf der Schauspielerin und Künstlerin, neun Prozent den der Innenarchitektin besonders attraktiv.

Von den befragten jungen Männern wollen 14 Prozent am liebsten Ingenieur werden. Acht Prozent nannten der Mitteilung zufolge den Beruf des Schriftstellers und sechs Prozent den des Managers als Traumjob.

Jeweils sechs Prozent der jungen Männer und Frauen bevorzugen den Arztberuf, hieß es weiter.

Auf die Frage, welche Berufe sie überhaupt nicht gern ergreifen würden, nannte fast die Hälfte der männlichen und weiblichen Jugendlichen den Fließbandarbeiter. Bei der vom Institut für empirische Psychologie im Auftrag der IBM Deutschland erstellten Analyse wurden 900 Jugendliche im Alter von 16 bis 24 Jahren befragt.

(Gekürzt aus Usinger Anzeiger vom 17.12.1988 in lesenswert 9. Cornelsen Frankfurt/M. 1992, S. 31)

Überlege, ob diese „Hitliste" auch heute noch zutreffen könnte?
Stellt in eurer Projektgruppe eine Hitliste von Wunsch- und Traumberufen auf. Zu welchen Ergebnissen kommt ihr?

Suche weitere Informationen zum Projektthema. Du kannst dazu u.a. folgende Internetadressen nutzen:
Mein Traumberuf – GEOlino.de Forum
www.planet-beruf.de: Ein Beruf, der zu mir passt
www.aufstieg-durch-bildung.info
www.profilpass-online.de
www.berufswahlpass.de
www.berufe-universum.de

Welchen Beitrag leiste ich zum Portfolio?

Wie soll das Portfolio insgesamt gestaltet werden?
Aus welchen Texten soll es bestehen?

Welchen Text steuere ich bei?

Welche Informationen brauche ich zu einer Beschreibung meines *Wunschberufes*?
Wo bekomme ich diese Informationen her?
Wie kann ich meinen Berufswunsch begründen?
Welche sprachlichen Anforderungen an eine Beschreibung muss ich beachten?

Wie kann ich meinen *Traumberuf* erzählerisch gestalten?
Wie könnte ein Tag in meinem Traumberuf aussehen?
Worauf muss ich bei einer solchen Phantasieerzählung sprachlich achten?

Mit welcher Überschrift könnte ich das Leserinteresse an meinem Beitrag wecken?

Was muss ich wissen und können?

Welche Erfahrungen habe ich bereits mit Projekten gemacht?
Wie könnte mein Beitrag aussehen?
Wie steht es um meine Schreibleistungen?
Welche Gedanken habe ich mir schon vor diesem Projekt zum Thema Berufswahl gemacht?
Schreibe ich über meinen Wunsch- oder Traumberuf oder ist mein Berufswunsch beides?

Was soll ich bloß werden?
Welcher Beruf passt zu mir?
Beantworte diese Fragen, indem du dich auf eine Entdeckungsreise in dein Inneres begibst!
Nimm dir dafür Zeit, denn die Fragen lassen sich nicht im Vorbeigehen beantworten.
Wenn du dich selbst besser kennen lernst, dann fällt dir die Suche nach dem richtigen Beruf auch leichter.
Zu deiner Selbsterkenntnis solltest du die folgenden Teilfragen schriftlich beantworten:

Wer bin ich?

Schreibe zur Beantwortung dieser Frage zunächst einen kurzen Text, mit dem du deine gegenwärtige Lebenssituation beschreibst. Deine Überschrift heißt:

Wie lebe ich heute?

Du solltest beim Schreiben die folgenden Punkte berücksichtigen:

Mein bisheriges Leben
Meine Familie
Meine Freunde
Meine Schule
Meine Freizeit

Beantworte die folgenden Fragen schriftlich:

Wer bin ich für meine Eltern?
Wer bin ich für meine Freunde?
Wer bin ich für meine Mitschüler?
Wer bin ich für mich?

Was kann ich?

Um herauszufinden wer man eigentlich ist, muss man sich auch fragen, welche Eigenschaften und Fähigkeiten man besitzt. Da ist man auch schnell bei der Frage nach den eigenen Stärken und Schwächen angelangt.

Stell dir vor, du würdest dich nicht kennen. Was wäre interessant an dir?
Erarbeite mit Hilfe eines Clusters Eigenschaften, Vorlieben, Abneigungen, Hobbys usw., die dich charakterisieren.

Überprüfe die in der Liste aufgeführten Persönlichkeitsmerkmale an dir selbst und bewerte ihren Ausprägungsgrad mit folgenden Ziffern:
+ 2 = stark ausgeprägt
+ 1 = ausgeprägt
0 = mittelmäßig
- 1 = weniger ausgeprägt
- 2 = schwach ausgeprägt

Persönlichkeitsmerkmal	Typische Aussage	Ausprägungsgrad
Anpassungsvermögen	*Ich komme mit ganz unterschiedlichen Menschen zurecht.*	
Auffassungsgabe	*Ich begreife schnell, wenn mir jemand etwas erklärt.*	
Aufgeschlossenheit	*Ich nehme gern Ratschläge und Hinweise anderer Menschen an.*	
Auftreten	*Ich habe gute Umgangsformen und ein sicheres Auftreten.*	
Ausdauer	*Ich kann so lange an einer Sache arbeiten, bis ich zum Ergebnis gekommen bin.*	
Ausdrucksvermögen	*Ich kann mich mündlich und schriftlich gut ausdrücken.*	
Begeisterungsfähigkeit	*Ich kann mich schnell für eine Sache begeistern.*	
Belastbarkeit	*Ich werde auch mit schwierigen Problemen gut fertig.*	
Ehrlichkeit	*Ich sage die Wahrheit, auch wenn ich auf Widerstand stoße.*	
Eigeninitiative	*Ich setze mir selbst Ziele und verwirkliche sie ohne fremde Hilfe.*	
Entscheidungsfähigkeit	*Ich kann mich schnell und sicher entscheiden.*	
Hilfsbereitschaft	*Ich helfe gern, wenn jemand Hilfe braucht.*	
Impulsivität	*Ich handle oft sofort und ohne viel zu überlegen.*	
Kommunikationsfähigkeit	*Ich kann auch vor größeren Gruppen reden und andere überzeugen.*	
Kompromissbereitschaft	*Ich muss nicht immer Recht behalten, sondern versuche eine gemeinsame Lösung zu finden.*	

Kontaktfähigkeit	*Es fällt mir leicht, an fremde Menschen heranzutreten.*	
Kreativität	*Ich habe immer neue Ideen.*	
Kritikbereitschaft	*Ich lasse mir auch mal sagen, wenn ich etwas falsch gemacht habe.*	
Leistungsbereitschaft	*Ich habe den Ehrgeiz, auch hohen Anforderungen gerecht zu werden.*	
Lernbereitschaft	*Ich lerne gern Neues dazu.*	
Mut	*Ich habe keine Angst für gefährlichen Situationen und gehe auch Risiken ein.*	
Ordnungsliebe	*Ich räume gern auf und halte meine Sachen in Ordnung.*	
Organisationsfähigkeit	*Ich kann bei umfangreichen Vorhaben die Zeit und die Mittel gut planen.*	
Selbstbewusstsein	*Ich weiß, was ich kann und will.*	
Selbstdisziplin	*Ich kann mich zum Arbeiten zwingen, auch wenn ich keine Lust dazu habe.*	
Selbstständigkeit	*Ich kann Aufgaben auch ohne Hilfe erfolgreich lösen.*	
Teamfähigkeit	*Ich kann gut mit anderen zusammenarbeiten.*	
Verantwortungsbewusstsein	*Ich trage Verantwortung für das, was ich übernommen habe.*	
Zielstrebigkeit	*Was ich mir vorgenommen habe, das versuche ich konsequent zu erreichen.*	
Zuverlässigkeit	*Ich halte in jeder Situation meine Zusage ein.*	

Ergänze deine Selbsteinschätzung durch mindestens eine Fremdeinschätzung: Lass dazu zum Beispiel deine Eltern, Freunde, Bekannte ihre Wertungen über dich abgeben. Wo gibt es Überschneidungen, wo liegen die Urteile auseinander? Was erfährst du Neues über dich?

Werte die Befragung aus, indem du dein Eigenschafts- und Fähigkeitsprofil zusammenstellst:

Meine wichtigsten Stärken und Fähigkeiten sind:	An folgenden Eigenschaften muss ich noch arbeiten:

Was gefällt mir?

Nun solltest du genauer darüber nachdenken, wo deine wirklichen Interessen liegen. Viele Interessen ergeben sich aus deinen Fähigkeiten, viele Fähigkeiten erwachsen aus deinen Interessen. Sammle deine Interessen folgendermaßen:
Nimm einen Stift und ein Blatt Papier und notiere schnell und ohne lange zu überlegen deine Interessen in Stichpunkten: Was macht dir Spaß? Welches Hobby hast du? Was gefällt dir an deinem Hobby? Was würdest du gern verbessern? usw.
Verteile die Stichpunkte ungeordnet über das Blatt.
Markiere anschließend die dir wichtigsten Punkte farbig.

Beschreibe nun in Sätzen deine Hauptinteressen. Vielleicht stellst du dabei fest, dass du ein bestimmtes „Lebensmotto" hast oder haben könntest. Das Motto drückt aus, was dir wirklich wichtig im Leben ist oder werden könnte.

Beispiele:
Ich will bedürftigen Menschen helfen.
Bücher sind mein Leben.
Tiere gehören zu mir.
Ich muss den Dingen stets auf den Grund gehen.
Autos faszinieren mich.

Formuliere am Ende des Textes dein Lebensmotto.

Was will ich?

Was meinst du, wie du dein Lebensmotto verwirklichen wirst? Ist es nur in deiner Freizeit zu realisieren oder auch in einem Beruf?
Wohin soll dich dein Lebensweg führen?
Was wünscht du dir für die Zukunft?

An die Beantwortung solcher Fragen solltest du dich schrittweise herantasten:

Wie möchte ich einmal wohnen?

Beschreibe deine künftige Wohnsituation so anschaulich, dass man sie sich genau vorstellen kann.

Möchte ich eine Familie gründen und Kinder haben?

Begründe deine Antwort mit überzeugenden Argumenten.

Wozu soll mir meine berufliche Tätigkeit dienen?

Stelle dar, was ein Beruf für dich bedeutet und was du erreichen willst.

Wie will ich in Zukunft meine Freizeit gestalten?

Erkläre, wie du deine berufliche Tätigkeit mit deinen Freizeitinteressen in Einklang bringen willst.

Wie heißt also mein „Traumjob"?

Schreibe zu jedem Buchstaben ein Wort oder einen Satz, der mit dem TRAUMJOB in Verbindung steht:

T	
R	
A	
U	
M	
J	
O	
B	

Versetze dich in einen Traum: Jeder bekommt seinen Traumberuf, auch du. Lass deinen Phantasien freien Lauf. Vor deinen Augen entsteht dein künftiger Ausbildungs- und späterer Arbeitsplatz. Wie sieht der aus?
Greife zu Papier und Stift und zeichne deinen Wunschplatz. Denke dabei an den Raum, die Arbeitsgeräte, die Menschen usw.

Sieh dir deine Zeichnung an und verfasse einen Steckbrief für deinen Wunschberuf. Dieser Steckbrief sollte mit wenigen Stichworten alles zusammenfassen, was dir für deinen gewünschten Beruf wichtig ist.

Werde ich in meinem Wunschberuf glücklich?

Die Suche nach dem passenden Beruf ist auch ein Teil der Suche nach dem persönlichen Glück. Der folgende literarische Text spiegelt diese Suche wider:

Glücklich oder zufrieden?

Als mein Vater
mich zum erstenmal fragte
was ich mal werden will
sagte ich nach kurzer Denkpause
„Ich möchte mal glücklich werden"
Da sah mein Vater sehr unglücklich aus
aber dann bin ich doch was anderes geworden
und alle waren mit mir zufrieden

Liselotte Rauner
(Aus: Kreidepfeile und Klopfzeichen. hrsg. von Jo Pestum. Spectrum. Stuttgart 1981. In: Lesebuch: lesenswert 9. Cornelsen. Frankfurt/M. 1992, S. 30)

Warum sah der Vater „sehr unglücklich" aus? Welche Antwort hatte er wohl erwartet?

Hast du mit deinen Eltern auch über das Thema gesprochen? Wenn nicht, dann solltest du das tun. Wie verlief das Gespräch?

Glaubst du, dass „alle“ mit deinem Berufswunsch „zufrieden“ sein werden? Befrage dir bekannte Erwachsene, ob sie mit ihrem Beruf „zufrieden“ oder gar „glücklich“ sind.

Wann bist du „glücklich“?

Ist es überhaupt möglich, in einem Beruf sein Glück zu finden?

Wie kann ich das erreichen?

Welche Chancen sehe ich, meinen Traumjob zu erreichen? Was spricht gegen die Erfüllung meines Wunsches?

Fülle die folgende Übersicht aus:

Äußere „Hürden“, die der Erfüllung meines Berufswunsches im Weg stehen (gesellschaftliche Bedingungen, wirtschaftliche Lage usw.):	Innere Bedingungen, die für den Traumjob nicht ausreichen (meine Fähigkeiten, Leistungen usw.):

Auf die „äußeren Bedingungen“ hast du wenig Einfluss, dafür aber mehr auf die „inneren“. Sieh dir noch einmal die Liste mit deinen Persönlichkeitsmerkmalen an. An welchen Merkmalen (Fähigkeiten) müsstest du im Hinblick auf deinen Berufswunsch noch arbeiten?

Wenn du genauer wissen willst, welchen Anforderungen du in deinem Wunschberuf gerecht werden musst, brauchst du Informationen. Diese kannst du dir besorgen durch:
- *Betriebserkundungen, Lehrstellenbörsen, Informationsveranstaltungen, „Tage der offenen Tür“ usw.,*
- *Betriebs- und Ferienpraktika,*
- *Beratungen im Berufsinformationszentrum der Agentur für Arbeit,*
- *Internetrecherchen.*

Erarbeite dir ein Anforderungsprofil für deinen Wunschberuf und vergleiche dieses Profil mit deinen Voraussetzungen (Fähigkeiten, Leistungen, Interessen usw.).

Anforderungsprofil für den Beruf des	Meine Voraussetzungen für diesen Beruf:	Notwendige Veränderungen meiner Voraussetzungen:

Welche Fähigkeiten müsste ich im Hinblick auf meinen Berufswunsch noch verbessern?

Liste deine Verbesserungsabsichten auf und notiere, wie du sie erreichen willst:

Zu verbessernde Fähigkeiten und Leistungen:	Lern- und Arbeitsschritte zur Verbesserung:	Zeitplanung für meine Vorhaben:

Überlege, wer dir bei der Erreichung deiner Ziele helfen kann.
Wen willst du ansprechen?
Wie willst du deine Lernfortschritte überprüfen? Wer kann dir auch hierbei helfen?

Wenn du weder einen Wunsch noch einen Traum hinsichtlich deines späteren Berufs hast, so versuche dich doch einmal an der Beantwortung der folgenden Fragen:

Welche Berufe sollten neu erfunden werden?
Welche Tätigkeiten sollten in diesen Berufen ausgeübt werden?
Welcher dieser Berufe würde zu mir passen?

Hinweise auf „Berufe, die es mal geben sollte" gibt es auch im Internet, z.B. auf „Haustier-Masseur", „Zeitungs-Vorleser", „Drive-In-Frisör für Cabriofahrer", „Büro-Entrümpler" unter www.ciao.de/Berufe_die_es_mal_geben_sollte.

3. PLANUNG

Was hilft mir bei der Planung meines Beitrags?

Nutze den folgenden Beispieltext für die Planung deines Textes:

Mein Tag als Bürokauffrau

Hallo, ich bin Lisa!
Seit drei Jahren bin ich jetzt schon als Bürokauffrau tätig in der Zentrale der S-Markt-Kette.
Für unsere sieben Filialen werden viele kaufmännische und organisatorische Aufgaben von hier aus erledigt. Ich bearbeite von A bis Z ungefähr alles: Aufträge, Buchhaltung, Gehaltsabrechnung, Lagerverwaltung, Rechnungen, Terminabstimmung, Zahlungen. Ich sorge für den reibungslosen Ablauf im Betrieb und halte alle Informationen auf dem neuesten Stand.
Ich habe meinen Traumberuf gefunden!
Ich bin gern mitten im Betrieb, kriege alles mit und kann dabei selbstständig arbeiten. Am Computer fühle ich mich in meinem Element. Auch die Vielseitigkeit ist prima: Ich arbeite im Büro, bin bei Besprechungen dabei, verhandle mit Kunden und Lieferanten und leiste meinen Teil für den wirtschaftlichen Erfolg. Größtes Kompliment von meinem Chef war: „Sie sind ja ein Allround-Talent!"
Und was so alles an einem Tag passiert!
Um 8 Uhr beginnt mein Arbeitstag. Erste Tat: Den PC hochfahren, das E-Mail-Programm Outlook öffnen und die neuen Mails lesen. Dann schaue ich in den Terminplaner. Der sagt mir, was heute an festen Zeiten für Meetings und Kundenkontakten reserviert ist. Darüber hinaus kann ich mir die Arbeit zwar selbst einteilen, aber ich muss auch auf aktuelle Anfragen und Ereignisse zwischendurch reagieren: Da bin ich oft die Feuerwehr.
Da klingelt auch schon das Telefon: In Filiale 3 fängt heute eine neue Kollegin an, für die ich noch eine Personalakte anlegen muss. Mit den fertigen Formularen in meinem Rechner ist das schnell getan.
Aber jetzt ist erst einmal die Post dran. Bei Faxen und E-Mails bearbeite ich morgens und mittags den Posteingang. Alles überfliege ich und sortiere die Post dann nach Empfänger und Inhalt. Bei den E-Mails entscheide ich, ob ich rasch ein paar Zeilen antworte oder ob ein Ausdruck mit in den Schriftverkehr gehört.
Supergut finde ich auch, dass mein langes Gespräch, das ich gestern mit unserem Lieferanten von der Firma Gemüsebau geführt habe, Früchte trägt. Er bietet uns jetzt eine fertig mit Gemüse gefüllte Tüte zum absoluten Tiefpreis an. Ich rufe gleich den Chef an, ob er damit einverstanden ist, und dann kriegt der Lieferant eine Mail, dass wir sein Angebot annehmen.
Nun muss ich mich aber für die Filialrunde noch echt gut vorbereiten: Ich erstelle nicht nur eine Themenliste, sondern berichte auch über Anfragen und Angebote und gebe den aktuellen Stand zu den Finanzen und zur Lagersituation. Dazu nutze ich Power Point.
Nach der Mittagspause hole ich mir online die aktuellen Umsätze auf dem Geschäftskonto. Ich habe dafür ein eigenes Passwort. Für mich sind Daten und Zahlen keine leeren Ziffern, sondern sie bedeuten Gewinne oder Verluste an Geld und Zeit. Das betrifft – unterm Strich – uns alle. Da passe ich gerne gut auf!
Nun ein kurzer Besuch beim Lageristen: Er hat schon nachgesehen, wo Nachschub gebraucht wird und wovon noch viel im Lager ist. In einer der Kisten sind die meisten Kürbisse aufgeplatzt und nicht mehr zu verkaufen. Also werde ich das beim Lieferanten Bemängeln und den Preis drücken.
14 Uhr: Ich schnappe mir mein Notebook und düse in den Besprechungsraum zur Filialrunde. Das Notebook brauche ich nicht nur für die Präsentation der aktuellen Zahlen, sondern auch für das Protokoll. Mit Ende der Runde ist das Protokoll bereits fertig, das ich sofort per Mail an alle versende.
Mal wieder das Telefon: Der Einzelhandelsverband will ganz schnell die neuen Zahlen für die Ausbildungsstatistik. Dafür muss ich in den Akten blättern. Interessantes Ergebnis, wir stehen ziemlich gut da: Vier neue Azubis in diesem Jahr.
Jetzt ist gleich 17 Uhr, also Feierabend. Ich gehe nicht aus dem Büro, ohne beim Chef noch kurz anzufragen, ob er noch etwas braucht oder ob für morgen etwas außer der Reihe ansteht. Sowieso gucke ich immer in den Terminplaner für den nächsten Tag, damit ich weiß, was auf mich zukommt.
War wieder gut heute, der Tag!

(Gekürzt aus: Klasse Karriere Handel. Metro Group Düsseldorf 2008, S. 24 – 28)

Welche Informationen zum Berufsbild der Bürokauffrau enthält diese Erzählung?
An welchen Stellen im Text wird deutlich, warum das Lisas Traumberuf ist?
Was macht diese Erzählung interessant?
Wie ist der Text aufgebaut?
Wäre dieser Beruf auch etwas für dich?

Wie gestalte ich meinen Beitrag zum Projekt?

Wie heißt die Überschrift zu meinem Beitrag?
Für welche Textsorte entscheide ich mich? Will ich meinen Wunschberuf beschreiben, von meinem Traumberuf erzählen oder zu einem beruflichen Problem argumentiern?
Wie ordne ich meine Gedanken an?
Wie leite ich meinen Text ein?
Was macht den Hauptteil aus?
Wie schließe ich den Text ab?

Fertige eine vorläufige Gliederung für deinen schriftlichen Beitrag an.
Bedenke, dass dein Text Antworten auf mindestens drei Fragen geben sollte:
Wer bin ich?
Was will ich?
Wie kann ich das erreichen?

Wie organisiere ich meine Schreibarbeit?

Welche Schreibmaterialien und Schreibwerkzeuge verwende ich?
Wie organisiere ich mir ein ungestörtes Nachdenken und Schreiben über das Thema?
Auf welches Textmuster kann ich mich stützen?

Notiere dir in einem Schreibplan die einzelnen Schritte, die du beim Schreiben gehen willst, und die voraussichtliche Zeit für jeden Schritt.

Wie erreiche ich am effektivsten mein Schreibziel?

Überprüfe schon jetzt, ob dein geplanter Beitrag auch deinen wirklichen Berufswunsch widerspiegelt!

Welche beruflichen Schwerpunkte setze ich in meinem Text?
Wie entsprechen diese Schwerpunkte meinem Bild von mir selbst?
Wie passt das Berufsbild in meine Lebensvorstellungen?
Werden die Anderen meine Entscheidung verstehen können?

Fällt die Mehrzahl der Antworten positiv aus, so überdenke dein weiteres Vorgehen:

Wie werde ich mit der Schreibaufgabe am besten fertig?
Wie kann ich verhindern, dass ich die Schreiblust verliere?
Wie kann ich meine Schreibstärken ausspielen?
Was haben andere an meinem Schreibstil bisher gelobt oder auch bemängelt?
Wie gehe ich am besten vor?
Fertige ich erst eine Gliederung an oder schreibe ich gleich los?
Bin ich ein langsamer oder schneller Schreiber? Wie viel Zeit werde ich brauchen?

4. PRODUKTION

Schreibe deinen Beitrag!

Folge deinem Schreibplan.
Ordne den inhaltlichen Schwerpunkten jeweils größere Textteile zu.
Du kannst deinen Text auch in mehreren Varianten schreiben und entscheidest dich dann für eine Endfassung.
Wichtig ist, dass du dein Thema nicht aus den Augen verlierst!

Beobachte und steuere dich selbst beim Schreiben!

Solltest du beim Schreiben deines Beitrages merken, dass du dich für den falschen Inhalt (Beruf) entschieden hast, so überlege noch einmal und starte einen neuen Schreibversuch.
Dazu musst du aber zum Punkt 1 zurückgehen.
Vielleicht kannst du dich dann mit deiner Berufsidee besser anfreunden.

Solltest du beim Schreiben müde werden, dann lege eine Pause ein und setze dir ein Nahziel für deine Schreibarbeit. Überlege, wie du dich belohnen willst, wenn du das Ziel erreicht hast und mit dir zufrieden sein kannst.

Orientiere dich immer wieder an deinem Schreibplan. Sollte es zu Abweichungen kommen, dann überprüfe, ob die Abweichungen zu einem positiven oder negativen Ergebnis geführt haben. Bei Negativeffekten solltest du entgegensteuern!

5. KONTROLLE

Wie wirkt mein Beitrag?

Lies deinen Text und überprüfe den Inhalt, den Aufbau, die Sprache und die Normrichtigkeit!

Wie ist mein Gesamteindruck vom Text?
Stellt mein Text einen originellen Beitrag zum Projekt dar?
Vermittelt mein Text ein deutliches Bild von meinem Wunsch- bzw. Traumberuf?
Was ist besonders positiv am Text?
Was ist kritisch zu sehen?
Wie wird der Text auf den Leser wirken?
Sind alle für die Darstellung wichtigen Einzelheiten (Fakten, Wünsche, Vorstellungen, Argumente) aufgeführt?
Wie werden die orthografischen, grammatischen und formellen Textnormen erfüllt?
Wie steht es um die Richtigschreibung der Wörter, die abwechslungsreiche Gestaltung der Sätze, die Zeichensetzung im Text?

Habe ich mein Schreibziel erreicht?

Habe ich meine Absicht verwirklicht?
Zu welcher Einsicht bin ich gekommen?
Habe ich größere Klarheit über meinen zukünftigen Beruf und meine Lebensperspektiven erlangt?
Gibt der Text ein wirkliches Bild von mir wider?

Wie habe ich mich als Schreibende / Schreibender erlebt?
Welche neuen Schreiberfahrungen habe ich gemacht?
Wie habe ich mich beim Schreiben gefühlt?
Habe ich sprachlich alles so umgesetzt, wie ich es geplant hatte?
Was gefällt mir an meinem Schreibstil?

6. ÜBERARBEITUNG

Was muss ich an meinem Beitrag noch verändern?

Wie kann ich an dem Text weiterarbeiten?
Welche Textteile sollte ich überarbeiten?
Welche Formulierungen sollte ich ersetzen?

Was muss ich an mir verändern?

Was könnte oder sollte ich tun, um mir meinen Berufswunsch zu erfüllen?
Welche Nah- und Fernziele setze ich mir?

Wie könnte ich meinen Schreibstil weiterentwickeln?
Was ist an meinen Texten generell zu verbessern?
Was sollte ich beim Schreiben anders machen?

Welchen Alternativtext könnte ich schreiben?

Stell dir vor, deine Klasse hat in 20 Jahren ihr erstes Klassentreffen.
Du bist jedoch verhindert und möchtest deinen Klassenkameraden aber wenigstens in einem Brief erzählen, wie es dir in deinem Wunschberuf ergangen ist.
Schreib diesen Brief!

Welche Alternativen siehst du noch?

7. PRÄSENTATION

Wie veröffentliche ich meinen Text?

Wie kann ich meinen Text in der Portfolio-Präsentation veranschaulichen? Welche Fotos, Zeichnungen oder andere Illustrationen bieten sich an?
Wie kann ich meinen Texten mit den anderen Beiträgen verbinden?
Wie wirkt mein Beitrag im Gesamtprojekt?
Wie beurteilen ihn meine Mitstreiter?

Wie beurteile ich mich im Vergleich zu den anderen?

Wie wirkt die Präsentation auf mich?
Wie reagiere ich auf Lob oder Kritik der anderen?
Wie fühle ich mich bei der Präsentation meines Beitrags?
Welche Schlussfolgerungen ziehe ich für mich selbst?

5. Unterrichtspraktische Erprobung des Schreibprojektes *Mein Berufswunsch*

Im Folgenden beschreiben wir die exemplarische Erprobung des im Kap. 4.2. vorgestellten Schreibprojektes. Diese fand an drei Thüringer Regelschulen und einem Gymnasium im Zeitraum von März bis Juli 2010 im Fachunterricht Deutsch statt. Die Durchführung oblag Lehramtsstudierenden der Universität Erfurt unter der Leitung von Mitarbeiterinnen des Bereiches Germanistische Sprach- und Literaturdidaktik und wurde unterstützt von den verantwortlichen Deutschlehrerinnen der Versuchsschulen. In einer Folge von 7 Unterrichtsstunden bearbeiteten insgesamt 65 Schülerinnen und Schüler aus vier achten Klassen die Projektaufgaben und reflektierten ihr Tätigsein im Rahmen einer Prätest- und Posttest-Befragung. Alle innerhalb des Projektes erhobenen Daten wurden anonym behandelt.

Unser Untersuchungsinteresse richtet sich zum einen auf die schriftlichen Projektbeiträge bezüglich der darin widergespiegelten Textkompetenz der Schreibenden. Im Rahmen einer kriteriengeleiteten Textanalyse erfolgt die Beurteilung der Qualität der Schreibprodukte. Zum anderen stehen die Text- und Befragungsanalysen im Zeichen der Beurteilung von Selbstkompetenz und Selbstbild der Probanden. So gibt die Selbstbeurteilung des Schreibprozesses Hinweise auf die Qualität der Selbstreflexion und Selbststeuerung während des Schreibens. Zu einer Einschätzung der Qualität des Selbstbildes wollen wir durch die Text- und Befragungsanalyse gleichermaßen gelangen, indem wir die Reflexionen der subjektiven Besonderheiten der Schreibenden sowie ihre Visionen zur zukünftigen Lebensführung untersuchen. Somit stehen exemplarisch sowohl der Stand der *Schreiber-Kompetenz* als auch der Ausprägungsgrad der *Schreiber-Identität* im Mittelpunkt unseres Interesses (vgl. Analyseraster in Abb. 15).

5.1. Materialien zum Projekt

Im Weiteren stellen wir alle Aufgaben, Anleitungen, Hinweise und Kommentare in der Form vor, mit der die Probanden im Rahmen unseres Versuches konfrontiert wurden. Es handelt sich hierbei um eine Zusammenstellung von Arbeitsblättern, die es schrittweise auszufüllen bzw. zu ergänzen galt. Im Ergebnis dieser Arbeit entstanden Portfolios, die am Projektende in den Versuchsklassen zur Präsentation des Projektergebnisses genutzt wurden und die zugleich die Basis unserer Auswertung bilden.

Liebe Schülerin, lieber Schüler,

dieser Fragebogen wurde in Zusammenarbeit mit der Universität Erfurt entwickelt. Die Beantwortung der Fragen trägt dazu bei, Informationen zum Thema

„Berufsorientierung und Schreiben"

an Thüringer Regelschulen zu erhalten.

⇨ *Lies dir alle Fragen in Ruhe durch und beantworte bitte* ***jede*** *Frage.*

⇨ *Bei den meisten Fragen sind Aussagen mit folgenden Antwortmöglichkeiten vorgegeben:*

Nr.	Aussage (Beispiel)	trifft überhaupt nicht zu	trifft überwiegend nicht zu	trifft eher nicht zu	trifft eher zu	trifft überwiegend zu	trifft vollkommen zu
1	Ich denke darüber nach, welche Berufe am besten zu mir passen könnten.	(1)	(2)	(3)	X	(5)	(6)

⇨ *Kreuze bitte jeweils die Antwortmöglichkeit an, die deiner Meinung am meisten entspricht. Dabei bedeutet die Zahl (1), dass du der Aussage überhaupt nicht zustimmst und die Zahl (6), dass du der Aussage vollkommen zustimmst.*

⇨ *Bei einigen Fragen ist Platz für selbst formulierte Antworten. Diese Fragen kannst du* ***in Stichpunkten*** *beantworten.*

⇨ *Verwende zum Ausfüllen des Fragebogens bitte einen* ***Füller*** *oder* ***Kugelschreiber*** *und keinen Bleistift.*

⇨ *Wenn du dich im Nachhinein für eine andere Antwort entscheiden solltest, dann streiche die ungültige Antwort bitte* ***deutlich*** *durch.*

⇨ *Die Auswertung der Fragebögen erfolgt natürlich vollkommen* ***anonym****, daher möchten wir dich bitten, anstelle deines Namens einen* ***Code*** *links oben auf dem Fragebogen einzutragen. Dein(e) Lehrer(in) wird dir sagen, wie du dabei vorgehen sollst.*

☺ ***Wir bedanken uns im Voraus für deine Mitarbeit!***
Das Forscherteam der Universität Erfurt

Zunächst noch einige Fragen zu deiner Person:

Wie alt bist du? ☐

Welche Klassenstufe besuchst du? ☐

Welche Schulart besuchst du? Hauptschulzweig ❐ Realschulzweig ❐

So, nun kann es richtig losgehen!

Zunächst geht es um die Frage, ob du schon weißt, was du nach dem Ende der Schulzeit beruflich einmal machen möchtest.

1.) Wie häufig machst du dir Gedanken darüber, welchen Beruf du nach der Schule ergreifen möchtest?

nie	selten	oft	sehr oft
❐	❐	❐	❐

2.) Wie genau weißt du zurzeit, was du beruflich einmal machen willst?

noch gar nicht	wenig	etwas	sehr genau
❐	❐	❐	❐

3.) In welchem Bereich kannst du dir deine zukünftige Berufstätigkeit vorstellen?

____

____

4.) *Die Tabelle auf der folgenden Seite enthält Aussagen dazu, wie sehr du dich mit deiner zukünftigen Berufstätigkeit beschäftigst. Kreuze bitte an, inwieweit diese Aussagen auf dich zutreffen.* ***Entscheide dich dabei bei jeder Aussage für genau eine Antwort!***

Nr.	Aussage	trifft überhaupt nicht zu	trifft überwiegend nicht zu	trifft eher nicht zu	trifft eher zu	trifft überwiegend zu	trifft vollkommen zu
4.1	Ich weiß genau, wo meine Interessen liegen.	(1)	(2)	(3)	(4)	(5)	(6)
4.2	Ich kann meine eigenen Fähigkeiten gut einschätzen.	(1)	(2)	(3)	(4)	(5)	(6)
4.3	Mir fällt es leicht, mich für einen Beruf zu entscheiden.	(1)	(2)	(3)	(4)	(5)	(6)
4.4	Bei meiner Berufswahl orientiere ich mich daran, was ich besonders **gut kann**.	(1)	(2)	(3)	(4)	(5)	(6)
4.5	Bei meiner Berufswahl orientiere ich mich daran, was mir besonders viel **Spaß macht**.	(1)	(2)	(3)	(4)	(5)	(6)
4.6	Bei meiner Berufswahl orientiere ich mich daran, wo meine Interessen liegen.	(1)	(2)	(3)	(4)	(5)	(6)
4.7	Um meine Gedanken zu ordnen, schreibe ich meine Ideen zum Thema „Berufswahl" auf.	(1)	(2)	(3)	(4)	(5)	(6)
4.8	Der Deutschunterricht trägt dazu bei, dass ich klarere Vorstellungen von meinem (Wunsch)Beruf entwickle.	(1)	(2)	(3)	(4)	(5)	(6)
4.9	Das Thema „Berufswahl" sollte im Deutschunterricht stärker behandelt werden.	(1)	(2)	(3)	(4)	(5)	(6)

Nun folgen einige Fragen, in denen es um deine Meinung zum Thema „Schreiben im Unterricht und in der Freizeit" geht.

5.) Schreibst du gern?

sehr ungern	ungern	gern	sehr gern
❒	❒	❒	❒

6.) Aus welchen Gründen schreibst du? *(Bitte kreuze alles an, was auf dich zutrifft, d. h. du kannst an dieser Stelle wieder mehrere Antworten auswählen.)*

❒ um anderen Menschen etwas mitzuteilen

❒ um Dinge besser zu erinnern (z. B. Notizen)

❒ um meine Gedanken zu ordnen

❒ um mir über mich selbst klarer zu werden

❒ weil ich muss

❒ zum Lernen

❒ zum Spaß

❒ Anderes: ____________________

7.) Was denkst du über folgende Aussagen?

Schreiben…	stimmt gar nicht	stimmt eher nicht	stimmt eher	stimmt genau
… macht Spaß.	❒	❒	❒	❒
… ist ziemlich anstrengend.	❒	❒	❒	❒
… ist wichtig, wenn man eine Lehrstelle finden	❒	❒	❒	❒
… ist langweilig.	❒	❒	❒	❒
… braucht man im Berufsleben.	❒	❒	❒	❒

In der Schule habt ihr bereits darüber gesprochen, wie man sich bewirbt. An dieser Stelle interessiert uns besonders, welche Texte ihr zum Thema „Beruf" bisher geschrieben habt.

	ja	nein
8.) Hast du beim Schreiben längerer Texte Schwierigkeiten?	❐	❐

Wenn du diese Frage mit „nein" beantwortet hast, dann gehe bitte zu Frage 13.). Ansonsten beantworte bitte als nächstes die Fragen 11.) und 12.).

9.) Falls ja, wann hast du diese Schwierigkeiten? *(Bitte kreuze alles an, was auf dich zutrifft, d. h. du kannst an dieser Stelle mehrere Antworten ankreuzen.)*

❐ zu Beginn des Schreibens

❐ während des Schreibens

❐ am Ende des Schreibens

❐ ______________________________

Anderes:

10.) Welche Schwierigkeiten hast du beim Schreiben? *(Bitte kreuze alles an, was auf dich zutrifft, d. h. du kannst wieder mehrere Antworten auswählen.)*

❐ meinen Text zu planen

❐ meine Ideen in eine logische Reihenfolge zu bringen

❐ meine Ideen in einem zusammenhängenden Text niederzuschreiben

❐ einen geeigneten Schluss für meinen Text zu finden

❐ Rechtschreibung/Grammatik

❐ ______________________________

Anderes:

11.) Was sollte im Deutschunterricht in Bezug auf das Schreiben geübt werden? *(Bitte kreuze alles an, was auf dich zutrifft. Du kannst also wieder mehrere Antworten auswählen.)*

❐ Ausdrücken von Gedanken

❐ Planung eines Textes

❐ Rechtschreibung/Grammatik

❐ Überarbeitung eines Textes

❐ Verfassen von offiziellen Schreiben (z.B. Bewerbungsschreiben, Briefe an Firmen)

❐ nichts

❐ Anderes: ______________________________

12.) *Die folgende Tabelle enthält Aussagen dazu, wie du mit dem Schreiben längerer Texte umgehst. Kreuze bitte an, inwieweit diese Aussagen auf dich zutreffen.* **Entscheide dich dabei bei jeder Aussage für genau eine Antwort!**

Nr.	Aussage	trifft überhaupt nicht zu	trifft überwiegend nicht zu	trifft eher nicht zu	trifft eher zu	trifft überwiegend zu	trifft vollkommen zu
12.1	Mir fällt es leicht, einen längeren Text (ca. 1-2 Seiten) zu schreiben.	(1)	(2)	(3)	(4)	(5)	(6)
12.2	Vor dem Schreiben sammle ich meine Ideen zum Thema.	(1)	(2)	(3)	(4)	(5)	(6)
12.3	Wenn ich einen Text zu einem bestimmten Thema schreibe, fallen mir viele neue Ideen zu diesem Thema ein.	(1)	(2)	(3)	(4)	(5)	(6)
12.4	Ich habe festgestellt, dass Schreiben dazu beitragen kann, dass ich mir über mich selbst klarer werde.	(1)	(2)	(3)	(4)	(5)	(6)
12.5	Wenn ich mit dem Schreiben fertig bin, verbessere ich meinen Text.	(1)	(2)	(3)	(4)	(5)	(6)

13.) Welche Verbesserungen nimmst du nach dem Schreiben eines längeren Textes vor? *(Bitte kreuze alles an, was auf dich zutrifft. Du kannst also mehrere Antworten auswählen!)*

- ❐ Ausdruck
- ❐ Gliederung des Textes
- ❐ Inhalt
- ❐ Rechtschreibung/Grammatik
- ❐ Satzbau
- ❐ Anderes: ______________________________
- ❐ Ich verbessere meinen Text nach dem Schreiben nicht.

14.) Gab es Fragen, die du nicht verstanden hast? Wenn ja, welche?

____

____

____

☺ ***Vielen Dank für deine Mitarbeit!***

PORTFOLIO

Klasse:..

Schule: ....

AB 1: Mein Berufswunsch

Weißt du schon, was du werden willst?

Wenn ja, dann bist du deinen Mitschülerinnen und Mitschülern vielleicht voraus. Trotzdem solltest du noch einmal darüber nachdenken, ob du dich richtig entschieden hast.

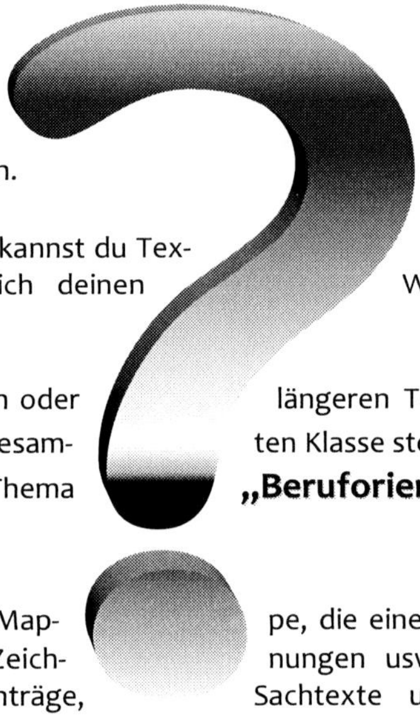

Wenn nein, dann hilft dir dieses Projekt besonders, Klarheit über dich und deine beruflichen Wünsche zu erhalten.

Im Verlauf des Projektes kannst du Texte schreiben, mit denen du schon relativ deutlich deinen Wunschberuf beschreibst.

Alles, was du an kürzeren oder längeren Texten produzierst, sammelst du. Innerhalb der gesamten Klasse stellt ihr dann ein **Portfolio** zum Thema **„Beruforientierung – Berufswahl“** zusammen.

Ein **Portfolio** ist eine Mappe, die eine Sammlung von Texten, Illustrationen (Fotos, Zeichnungen usw.) und Hinweisen auf Quellen (Interneteinträge, Sachtexte und literarische Texte) enthält. Dieses **Portfolio** kann später von anderen Schüler(inne)n zu einer Entscheidungshilfe für die Berufsorientierung genutzt und gegebenenfalls von ihnen ergänzt werden.

Viel Erfolg bei der Projektarbeit!

Ziele des Projekts:

Das erste Ziel des Projekts besteht darin, dass jede(r) Schüler(in) ein **persönliches Portfolio** erstellt, das sie/er für ihre/seine persönliche Berufs-orientierung nutzen kann.

Das zweite Ziel des Projekts besteht darin, dass ihr zusammen ein **Klassenportfolio** erstellt, das später auch von anderen Schüler(inne)n zur Berufsorientierung genutzt und gegebenenfalls durch neue Beiträge ergänzt werden kann. Dabei sollte jede(r) Schüler(in) der Klasse mit mindestens **einem längeren Text** zum Gelingen des Klassenportfolios beitragen.

Zusätzlich zu euren selbst verfassten Texten könnt ihr Illustrationen in euer persönliches **Portfolio**, aber auch in das **Klassenportfolio** einfügen. Ihr werdet am Ende des Projektes gemeinsam in eurer Klasse entscheiden, wie ihr die Beiträge für euer **Klassenportfolio** zusammenstellt.

Beim Erarbeiten der Projektbeiträge werdet ihr die folgenden **7 Arbeits- und Schreibphasen** durchlaufen:

- ⇨ **Phase 1: Orientierung**
- ⇨ **Phase 2: Information**
- ⇨ **Phase 3: Planung**
- ⇨ **Phase 4: Produktion**
- ⇨ **Phase 5: Kontrolle**
- ⇨ **Phase 6: Überarbeitung**
- ⇨ **Phase 7: Präsentation**

In den folgenden Unterrichtsstunden werdet ihr besprechen, wie ihr in den einzelnen Arbeits- und Schreibphasen vorgeht.

Arbeitsblatt (AB) 2:

Glücklich oder zufrieden?

Als mein Vater
mich zum ersten Mal fragte
was ich mal werden will
sagte ich nach kurzer Denkpause
„Ich möchte mal glücklich werden"
da sah mein Vater sehr unglücklich aus
aber dann bin ich doch was anderes geworden
und alle waren mit mir zufrieden.

Liselotte Rauner. Aus: Kreidepfeile und Klopfzeichen. hrsg. von Jo Pestum. Spectrum. Stuttgart 1981. In: Lesebuch: lesenswert 9. Frankfurt a. M.: Cornelsen 1992, S. 30)

Sprecht im Unterricht über folgende Fragen.

1. **Warum sah der Vater „sehr unglücklich" aus? Welche Antwort hatte er wohl erwartet?**

2. **Wann bist du glücklich?**

3. **Was möchtest du beruflich einmal werden?**

Beantworte folgende Frage schriftlich in einem Text.

4. Was denkst du: Ist es überhaupt möglich, in einem Beruf sein Glück zu finden? Begründe deinen Standpunkt.

Arbeitsblatt 3: „Was gefällt mir?“

Nun solltest du darüber nachdenken, wo deine wirklichen **Interessen**, **Fähigkeiten** und **Eigenschaften** liegen. Sammle deine **Interessen**, **Fähigkeiten** und **Eigenschaften** folgendermaßen:

→

Nimm einen Stift und notiere schnell und ohne lange zu überlegen Antworten zu folgenden Fragen: Was macht mir Spaß? Welche Lieblingsfächer habe ich? Welche Hobbys habe ich? Was gefällt mir daran? Welche Eigenschaften zeichnen mich aus? Was kann ich besonders gut? usw.

Verteile die Stichpunkte ungeordnet über das Blatt. Markiere anschließend die wichtigsten Punkte farbig.

Erzähle nun in einem kurzen Text von einer Situation, in der du glücklich warst, weil du deine **Interessen, Fähigkeiten** oder **Eigenschaften** erfolgreich einsetzen konntest:

Arbeitsblatt 4: „Wunschberuf gesucht“

Wenn du über deine berufliche Zukunft nachdenkst, solltest du auch folgende Fragen beantworten können:

⇨ **Wie und wo möchte ich in Zukunft wohnen (z. B. auf dem Land oder in der Stadt?)**

....

....

....

⇨ **Möchte ich eine Familie gründen und Kinder haben?**

....

....

....

⇨ **Wie will ich in der Zukunft meine berufliche Tätigkeit mit meinen Interessen, Fähigkeiten und Eigenschaften in Einklang bringen?**

....

....

....

⇨ **Erstelle ein Anforderungsprofil für deinen Wunschberuf und vergleiche dieses Profil mit deinen Voraussetzungen (Interessen, Fähigkeiten und Eigenschaften). Nutze dazu die folgende Seite:**

Anforderungsprofil für den Beruf des:	**Meine Voraussetzungen für diesen Beruf:**	**Notwendige Veränderungen meiner Voraussetzungen bzw. zu verbessernde Fähigkeiten:**
Arbeitsort (z. B. im Freien, im Büro ...): Arbeitszeiten: Körperliche und gesundheitliche Anforderungen: Häufig auszuübende Tätigkeiten: Umgang mit Kolleg(inne)n (z. B. Teamarbeit/Einzelarbeit):		

Hausaufgabe: Internetrecherche

Wenn du genauer wissen willst, welchen Anforderungen du in deinem Wunschberuf gerecht werden musst, brauchst du Informationen.

⇨ **Welche der folgenden Möglichkeiten hast du bereits genutzt, um dich über deine Berufswahl zu informieren?**

a) Bitte kreuze zunächst alles an, was auf dich zutrifft!

b) Bewerte, bei den Möglichkeiten, die du bereits wahrgenommen hast, wie nützlich du diese fandest!

Möglichkeiten zur Berufsorientierung	a)	b) Bewertung →			
	Teilnahme	**gar nicht nützlich**	**wenig nützlich**	**etwas nützlich**	**sehr nützlich**
Beratung bei dem/der Berufsberater(in) der Agentur für Arbeit	❐	❐	❐	❐	❐
Besuch im Berufsinformationszentrum (BiZ) der Agentur für Arbeit	❐	❐	❐	❐	❐
Besuch einer Berufswahlmesse	❐	❐	❐	❐	❐
Bewerbungstraining	❐	❐	❐	❐	❐
Durchführung eines Betriebspraktikums	❐	❐	❐	❐	❐
Erkundungen an „Tagen der offenen Tür“ (Schulen, Betriebe)	❐	❐	❐	❐	❐
Gespräch(e) mit dem/der Berufsorientierungsberatungslehrer(in)	❐	❐	❐	❐	❐
Sonstige, hier nicht erwähnte Möglichkeiten. Bitte trage bei Bedarf ein:		**gar nicht nützlich**	**wenig nützlich**	**etwas nützlich**	**sehr nützlich**
	❐	❐	❐	❐	❐
	❐	❐	❐	❐	❐
Ich habe mich bisher noch nicht über meine Berufswahl informiert.	❐				

Zusätzlich kannst du dich auf folgenden Internetseiten über deinen Wunschberuf informieren:

www.geo.de/GEOlino/mensch/berufe
www.planet-beruf.de
www.aufstieg-durch-bildung.info
www.profilpass-online.de
www.berufswahlpass.de
www.berufe-universum.de

AB 5: Planung meines Projektbeitrags

In den letzten Deutschstunden hast du dich damit beschäftigt, wer du bist und welche Interessen, Fähigkeiten und Eigenschaften du hast. Du hast darüber nachgedacht, was dir im Leben wichtig ist und dir überlegt, wie du diese Ziele erreichen kannst.

Nun bist du bei der **Planung** deines eigenen Projektbeitrages angelangt. Um deinen Beitrag zu planen, kannst du alle Arbeitsblätter, die du bisher ausgefüllt hast, als Gedächtnisstütze verwenden.

Wähle von den folgenden Aufgaben **eine** zur Bearbeitung aus.

A

Phantasieerzählung: „Ein Tag in meinem Wunschberuf"

Erzähle, wie ein Tag in deinem Wunschberuf aussehen könnte, an dem du nach der Arbeit glücklich nach Hause gehst.

oder:

B

Brief: „Wie es mir in meinem Wunschberuf ergangen ist ..."

Stell' dir vor, du bist 20 Jahre älter, konntest deinen Wunschberuf ergreifen und hast bereits einige Jahre Erfahrung in diesem Beruf gesammelt.

Schreibe aus dieser Sicht einen Brief an einen Jugendlichen, der vor seiner Berufsentscheidung steht. Erzähle so von einem Erlebnis aus deinem Berufsleben, dass deutlich wird, ob du in deinem Wunschberuf glücklich geworden bist.

Bevor du mit dem Schreiben deines Projektbeitrags beginnst, sammle deine Ideen, indem du dir Notizen anfertigst.

Überlege dabei auch, wie du deine **Phantasieerzählung** bzw. deinen **Brief** so gestalten kannst, dass der Leser deinen Text gern liest, weil er **interessant** und **anschaulich** ist.

Ideensammlung

Nummeriere nun die von dir gesammelten Ideen. Überlege dann, an welcher Stelle deines Textes, du diese Ideen äußern möchtest. Trage die Ziffern an der entsprechenden Stelle deines persönlichen **Schreibplans** ein:

Wie könnte die **Überschrift** zu meiner Phantasieerzählung (A) lauten? bzw. **An wen** könnte ich meinen Brief (B) schreiben?

Einleitung: Mit welchen Ideen könnte ich meinen Text (A + B) beginnen?

Wie gestalte ich den **Hauptteil** meines Textes (A + B)?

Schluss: Mit welchen Gedanken schließe ich meinen Text (A+B) ab?

Mein Schreibplan

AB 6: Produktion meines Projektbeitrags

Nun bist du bei der **Produktion** deines eigenen Projektbeitrags angelangt. Um deinen Beitrag zu schreiben, solltest du vor allem **Arbeitsblatt 5** nutzen, auf dem du bereits Ideen zu deinem Text gesammelt und diese in deinem persönlichen **Schreibplan** angeordnet hast.

⇨ **Verfasse zu der von dir gewählten Aufgabe einen zusammenhängenden Text von mindestens 1 ½ Seiten.**

Beachte beim Schreiben folgende Hinweise:

1. Folge deinem Schreibplan.
2. Ordne den inhaltlichen Schwerpunkten jeweils größere Textteile zu.
3. Du kannst deinen Text auch in mehreren Varianten schreiben und dich dann für eine Endfassung entscheiden. Wichtig ist, dass du dein Thema nicht aus den Augen verlierst!
4. Beobachte und steuere dich selbst beim Schreiben!
5. Solltest du beim Schreiben deines Beitrags merken, dass du dich für den falschen Beruf entschieden hast, überlege noch einmal und starte einen neuen Schreibversuch.
6. Solltest du beim Schreiben müde werden, dann lege eine Pause ein und setze dir ein Nahziel für deine Schreibarbeit. Überlege, wie du dich belohnen willst, wenn du das Ziel erreicht hast und mit dir zufrieden sein kannst.
7. Orientiere dich immer wieder an deinem Schreibplan. Sollte es zu Abweichungen kommen, dann überprüfe, ob die Abweichungen zu einem positiven oder negativen Ergebnis geführt haben. Bei Negativeffekten solltest du entgegensteuern!

AB 7: Kontrolle der Projektbeiträge

Bei diesem Arbeitsschritt geht es darum, die Projektbeiträge zu kontrollieren und zu überlegen, an welchen Stellen und auf welche Weise sie verbessert werden könnten.

⇨ **Lies deinen Text noch einmal durch und beantworte folgende Fragen in Stichpunkten.**

1. Was gefällt mir an meinem Text?

2. Was könnte ich an meinem Text verbessern?

⇨ **Tausche nun deinen Text mit einer Partnerin/einem Partner aus.**

⇨ **Lass den Text von deiner Partnerin/deinem Partner lesen und die folgenden Fragen in Stichpunkten beantworten. Gib ihr/ihm anschließend dieses Arbeitsblatt zurück.**

3. Was gefällt mir am Text meiner Partnerin/meines Partners?

____

____

____

____

____

____

4. An welchen Stellen merke ich, dass sie/er in ihrem/seinen Beruf glücklich geworden ist?

____

____

____

____

____

____

5. An welchen Stellen und auf welche Weise könnte sie/er den Text verbessern, damit man noch besser nachempfinden kann, warum sie/er in diesem Beruf glücklich geworden ist?

____

____

____

____

____

____

AB 8: Überarbeitung meines Projektbeitrags

⇨ **Schreibe nun eine überarbeitete Endfassung deines Textes, in der du deine eigenen Verbesserungsvorschläge und eventuell auch die deiner Partnerin/ deines Partners berücksichtigst.**

AB 9: Präsentation der Projektbeiträge

⇨ **Erfasst die in eurer Klasse ausgewählten Wunschberufe und ordnet sie nach Berufsgruppen.**

⇨ **Stellt dann ein Inhaltsverzeichnis für euer Klassenportfolio zusammen.**

INHALTSVERZEICHNIS

wir möchten dich bitten, auch den zweiten Fragebogen zum Thema

„Berufsorientierung und Schreiben"

zu beantworten. Dieser Fragebogen ist ähnlich aufgebaut, wie der Fragebogen, den du zu Beginn der Unterrichtsreihe ausgefüllt hast. Einige Fragen könnten dir bereits bekannt vorkommen. Beantworte diese einfach so, wie du es im Moment für richtig hältst. Dabei spielt es keine Rolle, welche Antwort du auf diese Fragen im ersten Fragebogen gegeben hast.

Mit der Vorgehensweise beim Ausfüllen des Fragebogens dürftest du bereits vertraut sein. Solltest du dennoch Fragen haben, dann wende dich bitte an deine(n) Lehrer(in).

☺ ***Wir bedanken uns im Voraus für deine Mitarbeit!***
Das Forscherteam der Universität Erfurt

So, nun geht es richtig los!

Zuerst geht es um die Frage, wie sehr du dich in der Zwischenzeit damit beschäftigt hast, was du nach dem Ende der Schulzeit beruflich einmal machen möchtest.

1.) Wie häufig machst du dir zurzeit Gedanken darüber, welchen Beruf du nach der Schule ergreifen möchtest?

nie	selten	oft	sehr oft
❒	❒	❒	❒

2.) Wie genau weißt du zurzeit, was du beruflich einmal machen willst?

noch gar nicht	wenig	etwas	sehr genau
❒	❒	❒	❒

3.) In welchem Bereich kannst du dir deine zukünftige Berufstätigkeit vorstellen?

____

____

4.) *In der unten stehenden Tabelle findest du Aussagen, bei denen du dich wieder für **genau eine Antwort** zwischen (1) und (6) entscheiden sollst.*

Nr.	Aussage	trifft überhaupt nicht zu	trifft überwiegend nicht zu	trifft eher nicht zu	trifft eher zu	trifft überwiegend zu	trifft vollkommen zu
4.1	Bei meiner Berufswahl orientiere ich mich vor allem daran, was ich besonders **gut kann**.	(1)	(2)	(3)	(4)	(5)	(6)
4.2	Bei meiner Berufswahl orientiere ich mich daran, was mir besonders viel **Spaß macht**.	(1)	(2)	(3)	(4)	(5)	(6)
4.3	Bei meiner Berufswahl orientiere ich mich daran, wo meine Interessen liegen.	(1)	(2)	(3)	(4)	(5)	(6)
4.4	Das Projekt „Mein Berufswunsch" hat dazu beigetragen, dass ich klarere Vorstellungen von meinem (Wunsch)Beruf entwickelt habe.	(1)	(2)	(3)	(4)	(5)	(6)
4.5	Das Thema „Berufswahl" sollte im Deutschunterricht noch stärker behandelt werden.	(1)	(2)	(3)	(4)	(5)	(6)

Nun folgen einige Fragen, in denen es um deine Meinung zum Thema „Schreiben im Unterricht und in der Freizeit" geht.

5.) Schreibst du gern?

sehr ungern	ungern	gern	sehr gern
❒	❒	❒	❒

6.) Aus welchen Gründen schreibst du? *(Bitte kreuze alles an, was auf dich zutrifft, d. h. du kannst an dieser Stelle wieder mehrere Antworten auswählen.)*

❒ um anderen Menschen etwas mitzuteilen
❒ um Dinge besser zu erinnern (z. B. Notizen)
❒ um meine Gedanken zu ordnen
❒ um mir über mich selbst klarer zu werden
❒ weil ich muss
❒ zum Lernen
❒ zum Spaß

❒ Anderes: ____________________

7.) Was denkst du über folgende Aussagen?

Schreiben…	stimmt gar nicht	stimmt eher nicht	stimmt eher	stimmt genau
… macht Spaß.	❒	❒	❒	❒
… ist ziemlich anstrengend.	❒	❒	❒	❒
… ist wichtig, wenn man eine Lehrstelle finden	❒	❒	❒	❒
… ist langweilig.	❒	❒	❒	❒
… braucht man im Berufsleben.	❒	❒	❒	❒

8.) Was sollte im Deutschunterricht in Bezug auf das Schreiben geübt werden? *(Bitte kreuze alles an, was auf dich zutrifft. Du kannst also wieder mehrere Antworten auswählen.)*

❒ Ausdrücken von Gedanken
❒ Planung eines Textes
❒ Rechtschreibung/Grammatik
❒ Überarbeitung eines Textes
❒ Verfassen von offiziellen Schreiben (z.B. Bewerbungsschreiben, Briefe an Firmen)
❒ nichts

❒ Anderes: ______________________________

9.) *Die unten stehende Tabelle enthält Aussagen dazu, wie du mit dem Schreiben des Projektbeitrages umgegangen bist.* ***Entscheide dich für genau eine Antwort!***

Nr.	Aussage	trifft überhaupt nicht zu	trifft überwiegend nicht zu	trifft eher nicht zu	trifft eher zu	trifft überwiegend zu	trifft vollkommen zu
9.1	Das Schreiben des Projektbeitrages (ca. 1-2 Seiten) ist mir leichtgefallen.	(1)	(2)	(3)	(4)	(5)	(6)
9.2	Das Anfertigen der Ideensammlung hat mir beim Verfassen des Projektbeitrages geholfen.	(1)	(2)	(3)	(4)	(5)	(6)
9.3	Beim Schreiben des Projektbeitrages sind mir viele neue Ideen zum Thema „Berufswahl" eingefallen.	(1)	(2)	(3)	(4)	(5)	(6)
9.4	Nach dem Schreiben des Projektbeitrages habe ich meinen Text verbessert.	(1)	(2)	(3)	(4)	(5)	(6)

10.) Welche Verbesserungen hast du nach dem Schreiben des Projektbeitrages vorgenommen? *(Bitte kreuze alles an, was auf dich zutrifft. Du kannst also wieder mehrere Antworten auswählen!)*

❒ Ausdruck
❒ Gliederung des Textes
❒ Inhalt
❒ Rechtschreibung/Grammatik
❒ Satzbau
❒ Anderes: ______________________________
❒ Ich habe meinen Projektbeitrag nach dem Schreiben nicht verbessert.

11.) Hattest du beim Schreiben des Projektbei-	ja	nein
	❒	❒

*Wenn du diese Frage mit **„nein"** beantwortet hast, dann gehe bitte zu den Fragen mit der Nr. 14.). Hast du diese Frage mit **„ja"** beantwortet, dann beantworte als nächstes bitte die Fragen Nr. 12.) und Nr. 13.)*

12.) Falls ja, wann hattest du diese Schwierigkeiten? *(Bitte kreuze alles an, was auf dich zutrifft, d. h. du kannst an mehrere Antworten ankreuzen.)*

❒ zu Beginn des Schreibens
❒ während des Schreibens
❒ am Ende des Schreibens
❒ ______________________________
Anderes:

13.) Welche Schwierigkeiten hattest du beim Schreiben deines Projektbeitrags? *(Bitte kreuze alles an, was auf dich zutrifft. Du kannst also wieder mehrere Antworten auswählen.)*

❒ meinen Projektbeitrag zu planen
❒ meine Ideen in eine logische Reihenfolge zu bringen
❒ meine Ideen in einem zusammenhängenden Text niederzuschreiben
❒ einen geeigneten Schluss für meinen Projektbeitrag zu finden
❒ Rechtschreibung/Grammatik
❒ ______________________________
Anderes:

14.) *Die Tabelle auf der folgenden Seite enthält Aussagen dazu, inwieweit das Schreiben der kürzeren und längeren Texte zum Thema „Berufswahl" dazu beigetragen hat, dass du dir klarer über deine berufliche Zukunft geworden bist.*

Kreuze bitte an, inwieweit diese Aussagen auf dich zutreffen. ***Entscheide dich dabei bei jeder Aussage für genau eine Antwort!***

Nr.	Aussage	trifft überhaupt nicht zu	trifft überwiegend nicht zu	trifft eher nicht zu	trifft eher zu	trifft überwiegend zu	trifft vollkommen zu
14.1	Durch das Schreiben habe ich begonnen, stärker über meine Berufswahl nachzudenken.	(1)	(2)	(3)	(4)	(5)	(6)
14.2	Wenn ich über meine beruflichen Pläne schreibe, werde ich mir bewusst, welche Berufe mich interessieren könnten.	(1)	(2)	(3)	(4)	(5)	(6)
14.3	Wenn ich über meine beruflichen Pläne schreibe, wird mir klar, was mir an einem Beruf wichtig ist.	(1)	(2)	(3)	(4)	(5)	(6)
14.4	Durch das Schreiben zum Thema „Berufswahl" bin ich mir sicherer geworden, wo meine Interessen liegen.	(1)	(2)	(3)	(4)	(5)	(6)
14.5	Durch das Schreiben zum Thema „Berufswahl" kann ich meine eigenen Fähigkeiten besser einschätzen.	(1)	(2)	(3)	(4)	(5)	(6)
14.6	Durch das Schreiben ist mir klar geworden, welche Berufe am besten zum meinen Stärken und Schwächen passen.	(1)	(2)	(3)	(4)	(5)	(6)
14.7	Durch das Schreiben bin ich mir über meine persönlichen und beruflichen Ziele klarer geworden.	(1)	(2)	(3)	(4)	(5)	(6)
14.8	Durch das Schreiben fällt es mir leichter, mich für einen Beruf zu entscheiden.	(1)	(2)	(3)	(4)	(5)	(6)

15.) Welche Schreibaufgabe zum Thema „Berufswahl" hat dir besonders viel Spaß gemacht?

____

____

16.) Welche Schreibaufgabe zum Thema „Berufswahl" hat dir gar keinen Spaß gemacht?

____

____

17.) Würdest du auch anderen Schüler(inne)n empfehlen über ihre Berufswahl zu schreiben?

ja ❐ nein ❐

18.) Wenn ja, warum? Wenn nein, warum nicht?

____

____

19.) Hat dir das Ausfüllen des Fragebogens Spaß gemacht? ❐ **ja** ❐ **nein**

20.) Gab es Fragen, die du nicht verstanden hast? Wenn ja, welche?

☺ ***Wir wünschen dir weiterhin viel Erfolg bei deiner Berufswahl!***

5.2. Auswertung der Erprobung

5.2.1. Analyse der Textkompetenz

Die Analyse der Textkompetenz erfolgte mittels einer Zweifachbegutachtung der im Verlauf des Schreibprojektes entstandenen Endtexte durch die Projektmitarbeiterinnen. Der qualitativen Beurteilung der Schreibprodukte lagen dieselben Kriterien zugrunde wie bei der Textbeurteilung im Rahmen unserer Voruntersuchung (vgl. Kap. 3.2.). Diese Kriterien wurden spezifiziert durch die inhaltsbezogenen Aspekte der zur Wahl stehenden projektbezogenen Gestaltungsaufgaben (vgl. Abb. 16). Den Gutachterinnen standen pro Kriterium 3 Punkte zur Verfügung, mittels derer sie den Grad der Erfüllung dieser Kriterien mit einem Punkt („ansatzweise"), zwei Punkten („ausreichend") und drei Punkten („umfassend") bewerteten.
Die aus dem Projektverlauf resultierende Materialbasis besteht aus 65 Endtexten, von denen 49 in den drei 8. Regelschulklassen und 16 in der Gymnasialklasse 9 entstanden.
82 % der Lernenden entschieden sich für die Gestaltung einer Phantasieerzählung (53 Texte) und folgten damit der Aufgabenstellung des Arbeitsblattes 5 (vgl. Kap. 5.1.):

Ein Tag in meinem Wunschberuf.
Erzähle, wie ein Tag in deinem Wunschberuf aussehen könnte, an dem du nach der Arbeit glücklich nach Hause gehst.

18 % der Probanden wählten das Verfassen eines fiktiven Briefes (12 Texte) und lösten somit diese Aufgabe:

Wie es mir in meinem Wunschberuf ergangen ist …
Stell' dir vor, du bist 20 Jahre älter, konntest deinen Wunschberuf ergreifen und hast bereits einige Jahre Erfahrungen in diesem Beruf gesammelt.
Schreibe aus dieser Sicht einen Brief an einen Jugendlichen, der vor seiner Berufsentscheidung steht. Erzähle so von einem Erlebnis aus deinem Berufsleben, dass deutlich wird, ob du in deinem Wunschberuf glücklich geworden bist.

Die 53 *Phantasieerzählungen* mit einer durchschnittlichen Textlänge von 298 Wörtern erreichen eine durchschnittliche Punktzahl von 10,20 von maximal 15 Punkten pro Einzeltext (vgl. Abb. 17). Die höchste durchschnittliche Punktzahl erlangte das Kriterium *‚Strukturierung'* mit 2,49 von maximal 3 Punkten pro Einzeltext, dicht gefolgt von 2,47 Punkten für das Kriterium *‚Sachbezug'*. Somit weisen die untersuchten Erzähltexte ein im Vergleich zur Voruntersuchung (vgl. Kap. 3.2.) um 1,92 bzw. 1,51 Punkte höheren Grad an inhaltlich-thematischer Konsistenz bzw. struktureller Kohärenz auf. Die Texte zeigen damit eine entwickeltere narrative Grundstruktur, wobei insbesondere beim Einhalten der Chronologie der Ereignisfolge ein relativ geringes Abweichen von der Erzählhaltung in eine Berichtsform zu verzeichnen ist.
Das Kriterium *‚Zielerreichung'* weist eine Durchschnittspunktzahl von 2,38 auf und belegt damit im Vergleich zu den 0,69 Punkten in der Voruntersuchung ebenfalls einen schreibgestalterischen Zuwachs von 1,69 Punkten, der sich in einem höheren fiktional-narrativen Niveau der Textgestaltung äußert.

Im Bereich der *,Formulierung'* ist der Abstand zu den in der Voruntersuchung entstandenen Texte geringer: 1.17 Punkte trennen die Phantasieerzählungen des Portfolios (1,92 Punkte) von denen des Vorversuchs (0,75 Punkte). Dennoch zeigen sich auch hier insbesondere eine gesteigerte Anschaulichkeit der Erzählsprache und eine Zunahme an wertenden Äußerungen.
Die geringste Durchschnittspunktzahl ist nach wie vor beim Kriterium *,Reflexion'* zu verzeichnen: 0,94. Damit ist im Vergleich zu den selbstbezogenen Reflexionen der Voruntersuchungstexte (0,24 Punkte) zwar eine Erhöhung um 0,7 Punkte interpretierbar, der Anteil dieses Gestaltungskriteriums ist notwendigerweise – und im Sinne unserer schreibdidaktischen Absicht – als immer noch entwicklungsbedürftig einzustufen.

Die 12 *fiktiven Briefe* mit einer durchschnittlichen Textlänge von 270 Wörtern erzielten eine durchschnittliche Punktzahl von 10,78 von wiederum maximal 15 Punkten pro Einzeltext (vgl. Abb. 18).
Die höchste Punktzahl weist in diesen Texten die *,Zielerreichung'* auf: 2,42 von maximal 3 Punkten. Das spricht für ein – im Vergleich zu den *Phantasieerzählungen* - gesteigertes Maß an Fiktionalität einerseits und dem zusätzlichen Anspruch an Überzeugungskraft der Darstellung andererseits. Der geringeren Zahl von Schreibenden ist es damit gelungen, den höheren Anforderungen der Darstellungsaufgabe gerecht zu werden. Sie verbindet die phantasierte Erzählung eines beruflichen Ereignisses mit argumentativen Elementen der Überzeugens von der Richtigkeit der Berufsentscheidung unter zusätzlicher Beachtung der adressatenbezogenen Briefform des Textes.
Die Kriterien *,Sachbezug', ,Strukturierung'* und *,Formulierung'* werden durch die gemeinsame Durchschnittspunktzahl 2,34 repräsentiert. Das spricht für eine relativ ausgeprägte inhaltlich-situative Konsistenz sowie strukturelle Kohärenz der Textgestaltung. Unter dem Formulierungsaspekt fällt das durchgängige Bemühen um eine kontaktive Sprachverwendung positiv auf.
Beim Kriterium *,Reflexion'* verzeichnen die Gutachterinnen einen im Vergleich zu den Phantasieerzählungen etwas erhöhten Grad an Selbstbezug (1,34 Punkte). Aber auch unter diesem Aspekt kann die auf die Texte zur ersten Schreibaufgabe zutreffende Einschätzung nicht revidiert werden.

Im *Gesamtergebnis* der Analyse aller 65 Texte mit einer durchschnittlichen Länge von 284 Wörtern und einer durchschnittlichen Gesamtpunktzahl von 10,50 (vgl. Abb. 19) offenbaren sich folgende Einsichten:
Das Schreibprojekt zeitigte insofern einen Erfolg, als die schreibkompetenzrelevanten Kriterien *,Zielerreichung'* (2,40 Punkte), *,Sachbezug'* (2,41 Punkte), *,Strukturierung'* (2,42 Punkte) und *,Formulierung'* (2,13 Punkte) ein gesteigertes Schreibniveau widerspiegeln. Die Schreibprodukte zeigen eine positive Entwicklung hinsichtlich der narrativen Qualität, die sich in dem Zuwachs an Konsistenz, Kohärenz und Anschaulichkeit äußert. Auch die identitätsbildungsrelevanten Aspekte des Selbstbezuges der Schreibenden, gestaltet durch die Verknüpfungen zwischen Selbstbild und beruflichem Selbstkonzept im fiktionalen Text, lassen im Durchschnittwert von 1,14 Punkten beim Kriterium *,Reflexion'* eine steigende Tendenz erkennen. Dennoch senden die Texte explizit noch zu wenige schreibreflexive Signale wie die folgenden aus:

„Ich wollte schon seit der dritten Klasse Polizist werden, weil mich dieser Beruf einfach interessierte" (Fiktiver Brief, Kl. 8).

„Als ich so alt war wie du, da hatte ich mit dem selben Problem zu kämpfen. Ich wusste nicht, was ich nach meinem Abitur machen wollte" (Fiktiver Brief, Kl. 9).

„Ich bin Kfz-Mechatroniker geworden, weil ich mich für Autos interessiere und weil es mich begeistert, wenn ich mit Geduld, Wissen und meinen erlernten Fähigkeiten größere und kleinere Probleme so erfolgreich lösen kann" (Phantasieerzählung, Kl. 8).

5.2.2. Analyse der Selbstkompetenz

Diese Analyse fußt auf den Selbstbeurteilungen der Schreibenden hinsichtlich ihrer Schreibhandlungen. Das Instrument des Fragebogens im Prätest-Posttest-Verfahren diente der Erfassung von Einstellungen und Haltungen der Schreibenden gegenüber der *Schreibaufgabe,* der *Schreibleistung* sowie der *Schreibentwicklung* (vgl. Abb. 20).

Im Zuge der Beurteilung der *Schreibaufgabe* ging es um die Ermittlung der *Schreiberhaltung.* Bei der Frage nach der persönlichen *Beliebtheit des Schreibens* offenbart sich im Verlauf des Schreibprojektes folgende Entwicklung (vgl. Abb. 21):
Am Ende des Projektes, d.h. nach Fertigstellung und Präsentation der Portfolios, schrieben im Vergleich zur Eingangsbefragung +3,08 % der Befragten „sehr ungern", -3,08 % „ungern", +3,08 % „gern" und -4,62 % „sehr gern". Es zeigt sich also eine geringe Bewegung innerhalb der Beliebtheitsgrade. Das bedeutet, dass sich eine relativ konstante Einstellung gegenüber dem Schreiben konstatieren lässt und damit das Schreibprojekt zu keiner signifikanten Verbesserung der Schreiberhaltung beigetragen hat. Tröstlich ist der permanent hohe Anteil der „gern" Schreibenden (60 %).
Der Aspekt der funktionalen *Bedeutsamkeit des Schreibens* für den Schreibenden zeigt im Projektverlauf abnehmende Tendenzen bezüglich der Funktionen *‚Mitteilung'* (-4,62 %), *‚Erinnerung'* (-1,54 %), *‚Gedankenordnung'* (-4,61 %), *‚Lernunterstützung'* (-7,69 %), *‚Lehrstellengewinnung'* (-6,16 %) und leider auch *‚Spaß'* (-3,08 %). Wohl auch der zeitlich straff geführten Projektarbeit geschuldet ist die Zunahme des *‚Schreibzwangs'* (+16,92 %). Als positiv wiederum zu werten ist die zunehmende Bedeutung des Schreibens bei der *‚Gewinnung von Klarheit über sich selbst'* (+9,23 %) sowie bei der künftigen *‚Berufsausübung'* (+1,54 %). Damit wurden zwei wesentliche Ziele des Projektes erreicht.

Die Befragungsergebnisse zur Selbstbeurteilung der *Schreibleistung* sind zweigeteilt:
Zum einen zeigen die Antworten auf die Fragen zur Selbstdiagnose von *Schwierigkeiten beim Schreiben längerer Texte,* wie z.B. des Projektbeitrages (vgl. Testfragen 10 – 13), eine Abnahme von Schreibschwierigkeiten im Verlauf des Schreibprojektes bei 15,38 % der Probanden (vgl. Abb. 22). Die vertiefenden Fragen nach der Art der Schwierigkeiten zum Beginn und Ende des Projektes führen – bezogen auf die Schreibenden, die ihren Schreibverlauf als problembehaftet einschätzten – zu folgenden Antworten: Während die Textplanungsprobleme bei 5,39 % der Schreibenden abnahmen und ebenso Schwierigkeiten beim Finden eines Textabschlusses um 41,91 % sowie im Bereich von Rechtschreibung und Grammatik um 20,59 % zurückgingen, erhöhten sich die Probleme beim Finden eines Textanfangs um 28,18 % und bei der Niederschrift des Textes um 12,50 %. Hieraus lässt sich eine entwicklungsförderliche Tendenz durch die Projektarbeit auf der Planungsstufe des Schreibprozesses, eine negative dagegen auf der Formulierungsstufe interpretieren.
Zum anderen dokumentieren die Antworten im zweiten Teil der Befragung eine durch das Schreibprojekt verbesserte Haltung gegenüber dem *Überarbeiten der eigenen Texte.* So zeigen 35,38 % der Probanden im Posttest an, dass sie ihre Texte „überwiegend" bearbeiten, was einem Zuwachs von 3,07 % entspricht. 18,46 % der Befragten deklarieren sogar eine „vollkommene" Überarbeitung ihrer Texte, was einen erhöhten Zuspruch für diese Kategorie von +9,23 % ausmacht. Den Anteil der einzelnen Überarbeitungsaktivitäten betreffend lässt sich

eine Verlagerung der Verbesserungen auf den Bereich der Textstrukturierung ermitteln: 38,46 % der Schreibenden vermelden im Posttest, dass sie verstärkt an der „Gliederung" ihrer Texte arbeiten. Das sind um 10,77 % gesteigerte Aktivitäten im Vergleich zum Prätest.
Zusammengefasst geben die Selbstreflexionen der Probanden bezüglich ihrer Schreibleistungen eine signifikante Abnahme von Schreibschwierigkeiten und eine Zunahme von Überarbeitungsaktivitäten preis. Der Focus richtet sich dabei vornehmlich auf die dominant kognitiven Leistungen des Planens und Strukturierens der eigenen Texte.

Die Perspektiven der Schreibenden auf ihre eigene *Schreibentwicklung* im Kontext des Projektes sowie ihre Ableitungen hinsichtlich der Aufgaben des Deutschunterrichts spiegeln sich in folgenden Befragungsergebnissen wider (vgl. Abb. 23):
Die Wünsche der Befragten bezüglich der im Deutschunterricht zu übenden Teilleistungen des Schreibens erfahren im Posttest eine Verstärkung um 30,79 %. Im Mittelpunkt steht dabei die Forderung, dem Überarbeiten von Texten ein größeres Gewicht zu verleihen. Mit Blick auf die Berufsorientierung wünschen sich 33,85 % der Befragten, das Verfassen von offiziellen Schreiben im Unterricht zu üben.
Die Frage nach der Funktion des Schreibens im Rahmen der Berufsorientierung bzw. Berufswahl führt am Projektende zu folgenden Antworten: 41,54 % der Probanden schätzen ein, dass ihnen das Schreiben beim Finden von Berufsideen behilflich war. Zum Verdeutlichen der eigenen Interessen und Fähigkeiten hingegen scheint das Schreiben einen geringeren Nutzen zu haben: Hier ist eine Abnahme der Positivbewertung zwischen Prä- und Posttest um 20 % (Verdeutlichen der Interessen) und 11 % (Einschätzen der Fähigkeiten) zu registrieren. Dennoch überwiegt eine Höherschätzung der eigenen Schreibtätigkeit: Um 26,17 % gestiegen ist die Bejahung der Hilfsfunktion des Schreibens beim Erkennen eigener persönlicher und beruflicher Ziele. Ebenso meinen 24,62 % mehr Schreibende, dass ihnen ihre Tätigkeit „überwiegend" bzw. „vollkommen" die Entscheidung für ihren künftigen Beruf erleichtert hat.
Diese tendenziell positive Wertschätzung des Schreibens und damit auch der persönlichen Schreibkompetenzentwicklung mündet in die um 13,85 % gewachsene Forderung der Lernenden, das Thema Berufswahl stärker in den Deutschunterricht einzubinden.

Es ergibt sich somit folgende Bilanz hinsichtlich der Entwicklung schreiberbezogener Selbstkompetenz:

- Der Beliebtheitsgrad der Schreibtätigkeit blieb im Verlauf des Projektes relativ konstant. Unter funktionalem Aspekt allerdings erhöhte sich das Ansehen dieser Tätigkeit bei den Schreibenden in Bezug auf die Unterstützung ihrer Selbstfindung. Das spricht für eine Verifizierung unserer Hypothese von der wechselseitigen Bedingtheit von Schreib- und Identitätsentwicklung.
- Das Schreibprojekt leistete einen Beitrag zur Ausprägung von Schreibleistungen insbesondere auf den Vorstufen der Textniederschrift sowie bei der Textüberarbeitung. Wohl der relativ intensiven Hinführung zum Thema und der schrittweisen Vorbereitung der Erstschrift ist die Abnahme von Planungsschwierigkeiten zu verdanken. Die kooperative Form des Überarbeitens führte zudem zu einer verbesserten Überarbeitungshaltung der Probanden.
- Perspektivisch gesehen betonen die Projektteilnehmer den Wunsch nach einer Verstärkung der Schreibtätigkeiten im Deutschunterricht. Das betrifft zum einen das selbstbezogene Schreiben, wie es das Projekt dominierte, wobei als Teilleistung das Überarbeiten schwerpunktmäßig zu üben sei. Zum anderen wird die Notwendigkeit einer Ausweitung des Schreibens auf adressatenbezogene Textformen gesehen, wie z.B. auf das Verfassen offizieller Schreiben im beruflichen Kontext. In beiden Fällen schätzen die Probanden das Schreiben als eine wertvolle Tätigkeit im Rahmen des

Selbst- und Berufsfindungsprozesses und weisen dem Deutschunterricht den organisatorischen Rahmen für diese Tätigkeit zu.

5.2.3. Analyse des Selbstkonzeptes

Dieser Analyse liegen sowohl die Erzähltexte (Endtexte) des Portfolios als auch die Prä- und Posttestbefragungen zugrunde. Die Untersuchung der Texte soll Aufschluss über die Reflexion der subjektiven Besonderheiten der Schreibenden im Sinne der Darstellungen von Interessen, Fähigkeiten und Eigenschaften geben, während sich die Auswertung der Befragungen auf die Darstellung beruflicher Perspektiven sowie der voraussetzungsbezogenen Vorhaben zur Erfüllung der Berufwünsche konzentrieren (vgl. Abb. 24).

Es werden in einem ersten Schritt die selbstbildkonstituierenden Aussagen der Endtexte mit den im Vorfeld der Niederschrift auf den Arbeitsblättern 3 und 8 des Portfolios skizzierten subjektiven Besonderheiten der Schreibenden verglichen. Im zweiten Schritt steht die Analyse der Visionen zur künftigen Lebensführung im Sinne des Entwurfs eines Berufsbildes an (vgl. Arbeitsblätter 4 und 8) im Verbund mit der Frage, in welcher Quantität sich die diesbezüglichen Aussagen in den Endtexten wieder finden.

Im Ergebnis dessen zeigt sich, dass die Befragten bei der Skizzierung ihres *Selbstbildes* im Rahmen der Arbeitsblätter Aussagen zu ihren persönlichen Interessen (217 Aussagen) sowie zu ihren spezifischen Eigenschaften (124 Aussagen) präferieren. In geringerer Zahl erscheinen Reflexionen zu den eigenen Fähigkeiten (107 Aussagen). Das ist insofern problematisch, als gerade die Berufsorientierung mit einer umfassenderen Einschätzung berufsbezogener Fähigkeiten verbunden sein müsste. Außerdem ist zu vermuten, dass die prinzipielle Orientierung auf vorhandene und auszubildende Kompetenzen auch im Deutschunterricht in noch unzureichendem Maße zur Qualifizierung der Selbstbeurteilung bei Lernenden geführt hat. Setzt man diese aus den Arbeitsblättern resultierenden Quantitäten mit denen der Endtexte in Relation, so ergibt sich im Ergebnis der textproduzierenden Aktivitäten ein noch weniger zufrieden stellendes Bild (vgl. Abb. 25): Die Lernertexte geben in nur geringem Maße die im Vorfeld skizzierten selbstbezogenen Einsichten wider. Sowohl die Phantasieerzählungen als auch die fiktiven Briefe zeigen einen ‚Reflexionsschwund' bezüglich der schreiberbezogenen Interessen, Fähigkeiten und Eigenschaften um ca. zwei Drittel.

Ähnliches gilt für den Entwurf eines *Berufsbildes* (vgl. ebenda). In 63 der 65 auszuwertenden Arbeitsblätter (Nr. 4) wird ein Berufswunsch angegeben, der in 61 Endtexten seinen Niederschlag findet. Allerdings ist dabei anzumerken, dass sich im Verlauf des Projektes bei sieben Probanden der Berufswunsch veränderte, denn deren Endtexte weise eine Diskrepanz zu den Vorarbeiten auf. Das lässt vermuten, dass die Schreibenden durch eine intensivere Auseinandersetzung mit sich selbst zu einer größeren Klarheit in ihren beruflichen Visionen gelangt sind. Besonders augenfällig ist der Verlust an Aussagen bezüglich der Vorhaben zur Erlangung der notwendigen beruflichen Voraussetzungen. Von den 121 Aussagen im Vorfeld der Endtexte (vgl. Arbeitsblatt 4) bleiben in den Endtexten nur 12 übrig. Das ist auch deshalb ein gravierender Verlust, als insbesondere der fiktive Brief ein geeignetes Medium ist, dem Adressaten kompetenzorientierte Tipps zu geben.
Die Ursachen für diese Negativentwicklungen im Verlaufe der Schreibarbeit liegen wahrscheinlich auf zwei Ebenen:
Erstens fehlten bei den Schreibaufgaben (vgl. Arbeitsblatt 5) explizite Forderungen nach selbstreflexiven und kompetenzbezogenen Aussagen. Die Fokussierung auf das ‚Glücksmo-

ment' in den fiktiv-narrativen Texten führte offensichtlich zur sprachgestalterischen Eingrenzung des Reflexions- und Schreibprozesses.
Zweitens scheint es den 14- bis 15-jährigen Schreiberinnen und Schreibern kognitiv noch schwer zu fallen, ihre Selbstreflexionen über den Bereich der persönlichen Interessen auf die Bereiche ihrer Eigenschaften und Fähigkeiten auszudehnen und diese zudem thematisch gebunden schriftsprachlich zu fixieren.
Beide Befunde sprechen nicht gegen unser Schreibprojekt, sondern eher dafür. Allerdings lässt eine wohl notwendige Ausweitung der metakognitiven Aktivitäten im Vorfeld der Textproduktion das Erlangen eines höheren Anteils an selbst- und berufsbildbezogenen Textsignalen und damit auch eine qualitative Verbesserung der Texte vermuten.

Die Selbstkonzept-Analyse der Prä- und Posttestbefragungen bezieht sich ebenfalls auf Reflexionen der Jugendlichen über ihre subjektiven Besonderheiten sowie beruflichen Vorstellungen. Interessant ist dabei die Entwicklung der Auffassungen im Verlaufe des Projektes, was schließlich auch auf die Wirksamkeit desselben schließen lässt
(vgl. Abb. 26):
Unter der Fragestellung
Wie häufig machst du dir zurzeit Gedanken darüber, welchen Beruf du nach der Schule ergreifen möchtest?
markieren die Probanden am Anfang und Ende des Projektes die *Quantität ihrer berufsbezogenen Gedanken*. Im Ergebnis zeigt sich eine Zunahme derselben bei 9,24 % der Befragten.
Ähnlich ist die Tendenz bezüglich der *Genauigkeit der Berufsvorstellungen*. So zeigen die Antworten auf die Frage
Wie genau weißt du zurzeit, was du beruflich einmal machen willst?
eine positive Entwicklung bei 10,77 % der Probanden.
Die Entwicklungen im Rahmen der subjektiven Besonderheiten im Kontext der Berufswahl offenbaren ein differenzierteres Bild:
Die *Genauigkeit der Interesseneinschätzung* betreffend bekunden 16,92 % der Projektteilnehmer zur Aussage
Ich weiß, wo meine Interessen liegen.
eine – mit Verlust behaftete - Einschätzungskompetenz von 75,39 %.
Konstant blieb die 96,92 %-ige Zustimmung zur These
Bei meiner Berufswahl orientiere ich mich daran, wo meine Interessen liegen.
In engem Zusammenhang damit steht die Spaßorientierung der Berufswahl:
Bei meiner Berufswahl orientiere ich mich daran, was mir besonders viel Spaß macht.
Dieser Aussage stimmten im Posttest wiederum 96,92 % der Probanden zu.
Die *Genauigkeit der Fähigkeitseinschätzung* betreffend meinen 78,46 % der Befragten:
Ich kann meine eigenen Fähigkeiten gut einschätzen.
Das entspricht einer Abnahme im Projektverlauf um 10,77 %.
Relativ konstant bleibt – wie bei der Interesseneinschätzung – die Zustimmung zur Aussage
Bei meiner Berufswahl orientiere ich mich daran, was ich besonders gut kann.
mit 93,85 %. Es ist aber angesichts der o.g. Textanalyseergebnisse zu vermuten, dass nicht wenige Probanden ‚Können' und ‚Interesse' gleichschalten.

Die Befragungsergebnisse stützen somit tendenziell die Textanalyseergebnisse: Die Selbsteinschätzungskompetenz hinsichtlich der Interessen und Fähigkeiten nahm im Projektverlauf um durchschnittlich 14 % ab, was wohl als Zeichen einer leichten Verunsicherung im Zuge der intensiveren Auseinandersetzung mit sich selbst und seinen Visionen zu werten ist. Hierdurch wird wahrscheinlich auch die geringere Quantität an selbstreflexiven Signalen – gerade im Bereich der Fähigkeitsreflexionen – in den Endtexten erklärbar.

Diese rückläufige Entwicklung setzt sich bei der Selbsteinschätzung zur *Leichtigkeit der Berufsentscheidung* nicht fort. Im Gegenteil: 70,77 % der Befragten bejahen am Projektende die Aussage
Mir fällt es leicht, mich für einen Beruf zu entscheiden.
Das entspricht einem Zuwachs von 12,31 % und spricht für einen Erfolg der Projektarbeit.

Nun aber zum schreibdidaktischen Hauptanliegen des Projektes, nämlich der Erkundung der *Bedeutung des Schreibens* im Allgemeinen und bei der Herausbildung eines berufsbezogenen Selbstkonzeptes im Besonderen:
Der These
Das Schreiben hilft mir, Ideen zum Thema Berufswahl zu finden.
stimmen am Ende des Versuches 64,62 % der Befragten zu und meinen somit, dass das Schreiben einen spezifischen *Beitrag zur Berufswahl* leistet. Das dokumentiert einen Stimmenzuwachs von 40 % und zeigt, dass 43 der 65 Probanden von der förderlichen Funktion des Schreibens im Prozess der Konstruktion ihres berufsbezogenen Selbstbildes überzeugt werden konnten.

Noch eindrucksvoller ist das Ergebnis hinsichtlich des *Beitrages dieses Schreibprojektes zur Berufswahl*:
52 von 65 Schreibenden resümieren, dass das Projekt dazu beigetragen habe, klarere Vorstellungen von ihrem (Wunsch-)Beruf zu entwickeln. Somit vermelden 80 % der Probanden einen positiven Effekt für ihr berufsbezogenes Selbstkonzept. Dass dieser Effekt durch die intensive Schreibarbeit befördert wurde, dürfte zu den wichtigsten Erfahrungen der Projektteilnehmer gehören.
Diese Erfahrungen wiederum spiegeln sich wider in den Antworten auf die Posttestfragen 17 und 18. Die Probanden empfahlen anderen Lernenden, über ihre beruflichen Vorstellungen zu schreiben. Als Gründe hierfür nannten sie:

Weil man sich so ein besseres Bild über seine Zukunft machen und dieses Bild festhalten kann.
(3 Meinungen)

Weil man sich dadurch klarer über sich selbst wird.
(5 Meinungen)

Weil es einem hilft, besser zu erkennen, wo die eigenen Interessen, Eigenschaften und Fähigkeiten liegen.
(4 Meinungen)

Weil das Schreiben zu Ideen bezüglich der Berufswahl führt.
(5 Meinungen)

Weil man sich über den zukünftigen Beruf klarer wird.
(5 Meinungen)

Weil man sich alle Vor- und Nachteile seines Berufswunsches vor Augen führen kann.
(5 Meinungen)

Weil ich durch das Projekt gemerkt habe, dass ich bisher noch nicht den richtigen Beruf gefunden habe.
(2 Meinungen)

Weil das Schreiben dazu beiträgt, Entscheidungen zu fällen.
(9 Meinungen)

Weil es einen anregt, sich über seinen Wunschberuf zu informieren.
(6 Meinungen)

Weil ich viel mehr über meinen Wunschberuf weiß als vorher.
(2 Meinungen)

Weil Schreiben Spaß macht.
(4 Meinungen)

6. Zusammenfassung und Ausblick

Unsere Untersuchung belegt exemplarisch die exponierte Bedeutung von Schreibhandlungen für die Persönlichkeitsbildung von Lernenden im Sekundarstufenbereich. Sie zeigt, dass schreibdidaktische Interventionen im Rahmen des Deutschunterrichts dazu beitragen können, bei Heranwachsenden eine Schreib- und Selbstkompetenz gleichermaßen auszubilden. Das *Fach Deutsch* bietet den geeigneten Ort für solche Interventionen, da es Schülerinnen und Schüler bei ihrer Identitätsentwicklung auf spezifische Weise zu unterstützen vermag. Diesbezügliche Zielstellungen sind in den das Fach betreffenden Bildungsdokumenten ausgewiesen und finden in Lehrbüchern ihren Niederschlag.

Eine exemplarische Analyse von *Schreibaufgaben in Sprach- und Lesebüchern* der Klassenstufen 8 bis 10 führt jedoch zu der Erkenntnis, dass der individualitätsorientierte und identitätsbefördernde Aspekt solcher Aufgaben quantitativ und qualitativ unterrepräsentiert ist. Das betrifft insbesondere den für diese Klassenstufen bedeutsamen Aspekt der Berufsorientierung. Hieraus resultiert eine Zielstellung dieser Untersuchung: Es wird geklärt, auf welcher konzeptuellen Basis eine prozessuale Entwicklung von schreiberbezogenen Kompetenzen vorgenommen werden kann. Damit verbunden wird ein erweitertes Angebot an Schreibaufgaben und –methoden erstellt, das geeignet erscheint, Schreib- und Selbstkompetenz zu befördern. Eine exemplarische Erprobung des Angebotes in Form eines Schreibprojektes im Deutschunterricht vermittelt erste Einsichten in die didaktisch-methodische Wirksamkeit des spezifischen Schreibkonzeptes.

In der schreibdidaktischen Diskussion stoßen prozess- und produktorientierte Konzepte auf kreative, spielerisch-experimentelle Modelle der Schreibbefähigung. Hinzu tritt der Anspruch, Heranwachsenden durch vielgestaltige Schreibhandlungen Unterstützung bei ihrer Selbstfindung zu geben.
Eine Untersuchung der für diese Diskussion wesentlichen *Begriffe* führt zu folgenden Einsichten:
Sowohl ‚Kompetenz', ‚Kreativität' als auch ‚Identität' weisen auf der Beschreibungsebene eine generelle *Problemorientierung* auf:

- ‚Kompetenz' wird aufgefasst als die Disposition und die Leistung eines Aktanten zum bzw. beim selbst organisierten Lösen von Problemen in spezifischen Handlungskontexten.
- ‚Kreativität' umfasst ebenfalls Dispositionen und Leistungen einer Person zum bzw. beim intuitiv-unbewussten und strukturiert-bewussten Lösen von Problemen in unterschiedlichen Tätigkeitsbereichen.
- ‚Identität' verweist auf den Anspruch des Individuums, in einem problemdeterminierten Prozess das Bewusstsein von sich selbst in Relation zu wechselnden sozialen Kontexten auszubilden.

Die genannten Begriffe zeigen auf der Entwicklungsebene, also unter dem Aspekt ihrer Erlern- bzw. Erreichbarkeit, eine prinzipielle *Problemlösungsorientierung*:

- ‚Kompetenz' – als zur Prozesssorte Lernen gehörig – ist in didaktisch-methodisch organisierten Problemlösungskonstellationen auszubilden. Die Ergebnisse der Entwicklung von Kompetenzen werden mittels Standards beurteilt.
- ‚Kreativität' – ebenfalls grundsätzlich erlernbar – lässt sich in Relation zu verschiedenen Phasen des kreativen Problemlösungsprozesses ausbilden. D.h.: Das Modell kreativen Handelns bildet zugleich die Basis für kreativitätsbildende Aktivitäten, in deren Ergebnis kreative Produkte entstehen, die hauptsächlich hinsichtlich ihres Anspruches auf Neuigkeit, Angemessenheit und Nützlichkeit bewertet werden.

- ‚Identität' bildet sich aus durch die von altersabhängigen Entwicklungsproblemen bestimmte Selbstfindung und Selbstbestimmung Heranwachsender. Diese Aktivitäten sind als Problemlösungsprozesse strukturierbar und somit ebenfalls erlernbar. Im Ergebnis der Identitätsarbeit können Selbstkonzepte entstehen als Bilder oder Annahmen des Individuums von sich selbst. In Lernkontexten werden die externen Bezugsrahmen für die Ausbildung eines positiven Selbstkonzeptes geschaffen.

Die entwicklungsbezogenen Koordinaten von ‚Kompetenz', ‚Kreativität' und ‚Identität' erlauben – im schreibdidaktischen Kontext – eine problem- und problemlösungsorientierte *Modellierung von Schreibaktivitäten*, die im institutionellen Rahmen des Faches Deutsch auf den Sekundarstufen der Ausbildung einer schriftsprachlichen Kompetenz und Kreativität sowie einer schreiberbezogenen Identität dienen kann.
Im Modell des *Kreativ-kognitiven Schreibens* sehen wir eine Möglichkeit, die Schreib- und Identitätsentwicklung schreibmethodisch zu organisieren. Dieses Modell verbindet die Phasen kognitiver Schreibkonzepte mit den Determinanten des Kreativitätsprozesses sowie damit korrespondierenden Aktivitäten der Identitätsbildung. Es beruht auf einem Gleichgewicht zwischen strukturierten (prozess- und produktorientierten) sowie freien (kreativen und selbst regulierten) Teilhandlungen. Das Modell zielt auf die Entwicklung von *Schreiber-Kompetenz* und *Schreiber-Identität* bei Lernenden.

Schreiber-Kompetenz umfasst zwei grundlegende Teilbereiche:
Zum einen äußert sie sich in *Textkompetenz*, d.h. der Fähigkeit, inhaltlich und sprachlich kohärente schriftliche Äußerungen mittels kreativer und kognitiver Leistungen zu produzieren, rezipieren und reflektieren. Zum anderen bedeutet *Schreiber-Kompetenz* auch *Selbstkompetenz* als die Fähigkeit, den eigenen Schreibprozess zu reflektieren und zu organisieren. Das schließt die Vergewisserung der eigenen Schreiberbiografie, die Selbstbeurteilung von Schreiberfahrungen und Schreibleistungen, die Selbstmotivation für das Schreibhandeln und die eigenaktive Optimierung von Handlungsschritten ein.
Schreiber-Identität beruht auf einer wichtigen Potenz des Schreibens, nämlich der Distanzierung von sich selbst und der Reflexion des eigenen Bewusstseins. Diese Potenz kann sich bei der Selbstfindung und Selbstbestimmung des schreibenden Subjekts auf seinem Weg zu einem Selbstkonzept als förderlich erweisen. *Schreiber-Identität* entsteht durch die schreibende Reflexion der eigenen Identität bzw. das schreibende Erarbeiten einer biografischen Identität, durch das Selbstbeschreiben und Selbstdefinieren sowie durch das Prognostizieren von Lebensperspektiven.

Für die Entwicklung von Schreiber-Kompetenz und Schreiber-Identität auf der konzeptuellen Grundlage des Kreativ-kognitiven Schreibens besonders geeignet ist die Textsorte bzw. Schreibhandlung *Erzählung / Erzählen*:
Das Erzählen von Lebensgeschichten hilft sowohl bei der Ausprägung von Textkompetenz als auch von Identität. In Geschichten von sich selbst reflektiert das Subjekt bisher Erlebtes. Erzählend vermag es ebenfalls, persönliche Lebensziele und geeignete Handlungsstrategien zu erkunden. Dabei wirken handlungsregulative Mechanismen wie die der Selbstbeobachtung, Selbstbewertung und Selbstreaktion. Erzählmuster – auch in literarischen Texten – bieten ein Anregungspotenzial für das Nachgestalten, aber auch für das kreative Um- und Neugestalten von Texten in differenzierten Schreibkontexten.

Bei der Organisation von Lehr- und Lernprozessen zur Schreib- und Identitätsentwicklung Heranwachsender erweist sich eine *Individualorientierung von Schreibsituationen* als sehr bedeutsam. Im Rahmen solcher Situationen sind Schreibhandlungen zu initiieren, die die

Lernenden sowohl zum schreibenden Problemlösen motivieren als ihnen auch zu ihrer Selbsterkenntnis und einem Selbstkonzept verhelfen.
Als Impulse für Schreibhandlungen dieser Art dienen *Schreibaufgaben*, die eine konkrete persönlichkeitsrelevante Problemperspektive spiegeln. Sie regen zudem die Schreibenden an, ihr Sach-, Sprach- und Problemlösungswissen sowie ihr metareflexives und metakognitives Können zu aktivieren. Die Textsortenspezifik des Erzählens erlaubt darüber hinaus das kreative Experimentieren mit Textmustern und Schreibtechniken.
In vielen Lehrbüchern vorzufindende Schreibaufgaben erfüllen diese Funktion in noch nicht zufriedenstellendem Maße. Die unterrichtliche Erprobung einer typischen Schreibaufgabe mit identitätsbeförderndem Anspruch im Rahmen eines *Vorversuches* zeigt, dass die alleinige Vorgabe des thematisierten Problems unzureichend ist. Die fehlende Einbettung der Aufgabe in eine schreib- und identitätsrelevante Handlungsstruktur, z.B. durch konkretisierende Handlungsanweisungen im Sinne unseres Modells, führte bei den Probanden offensichtlich zu qualitativ und quantitativ verbesserungsbedürftigen Schreibergebnissen.

In unserem *Schreibprojekt* zum Thema „Mein Berufswunsch" wurden Lernende aus 8. und 9. Klassen mit individualorientierten Schreibaufgaben konfrontiert, bei deren Lösung sie das Kreativ-kognitive Schreibmodell exemplarisch erprobten. Die Aufgaben regten sie an, kognitiv (epistemisch-heuristisch) und kreativ (fiktional-narrativ) geprägte Texte zu ihrer Biografie und zu ihren Schreiber- und Lebensperspektiven zu gestalten.
Im Ergebnis dieses Schreibprojektes zeigt sich auf der Ebene der *Textkompetenz* ein – im Vergleich zum Vorversuch – quantitativ und qualitativ höheres Schreibniveau. Die Texte weisen eine positive Entwicklung hinsichtlich der Erzählqualität und des Selbstbildes der Schreibenden auf. Sie sind umfangreicher und stilistisch anspruchsvoller. Allerdings senden sie noch zu wenige schreiberreflexive Signale aus.
Bezüglich der *Selbstkompetenz* der Schreibenden lässt eine Text- und Befragungsanalyse auf ein erhöhtes Ansehen der Schreibtätigkeit im Kontext von Selbstfindung schließen. Die Probanden konstatieren am Projektende eine bewusstere Schreibhaltung, die besonders im Bereich der Textplanung und –überarbeitung zum Tragen kommt.
Das *Selbstkonzept* der Lernenden wurde durch die gezielte Schreibarbeit – zumindest im thematisierten Problembereich ‚Berufswunsch' – bereichert. Die Befragungsergebnisse belegen eine signifikante Zunahme der Berufsentscheidungskompetenz und eine gestiegene Wertschätzung des Schreibens bei der Konstruktion eines berufsbezogenen Selbstbildes.

In der *Bilanz* dieses Schreibprojektes offenbart sich die Wahrscheinlichkeit einer erfolgreichen Schreib- und Selbstkompetenzentwicklung auf der Basis unseres Kreativ-kognitiven Schreibkonzeptes. Zur Erhöhung dieser Wahrscheinlichkeit bedarf es quantitativ umfangreicherer und qualitativ differenzierterer Untersuchungen:

- Die Anzahl der Probanden und der Schreibaufgaben sind im Verbund mit einer gesteigerten Schreibzeit zu erhöhen. D.h.: Noch mehr Lernende der Sekundarstufen verschiedener Schulformen sollten im Deutschunterricht und darüber hinaus in umfangreicherem Maße Gelegenheit erhalten, sich schreibend ihrem beruflichen Selbstkonzept zu nähern.
- Die individualorientierten Schreibsituationen sollten über das Thema ‚Beruf' hinaus auf andere identitätsrelevante Themen ausgedehnt werden. So könnte man die schreib- und selbstkompetenzförderliche Bedeutung solcher Themen wie ‚Freundschaft', ‚Partnerschaft', ‚Familie', ‚Geschlechterrolle' und ‚Weltbild' in Schreibprozessen erkunden.

- Das Kreativ-kognitive Modell erlaubt eine zielgemäße Erweiterung, aber auch Gewichtung kompetenz- und identitätsbezogener Schreibaktivitäten. So scheint uns – im Ergebnis der exemplarischen Erprobung des Berufswunsch-Projektes – eine Verstärkung der schreibkompetenzfördernden Aktivitäten notwendig. Noch mehr Aufgaben sollten insbesondere das Planen und Überarbeiten von Texten initiieren. Dabei könnten der Aspekt der Textqualität (im Sinne von Textsortenadäquatheit) und der der Selbstkompetenz des Schreibenden (im Sinne eines authentischen Schreibstils) in den Vordergrund rücken.
- Der hohe Selbstbezug des Erzählens verlangt nach einer gezielteren Zuwendung zu dieser Textsorte. Eine intensivere Arbeit mit und an narrativen Textmustern schafft wahrscheinlich nicht nur eine noch höhere Schreibmotivation, sondern auch einen umfangreicheren kognitiven (Selbst-)Erkenntnisraum und ein größeres kreatives (Text-)Gestaltungsfeld. Literarische Texte scheinen für dieses Vorhaben besonders geeignet.

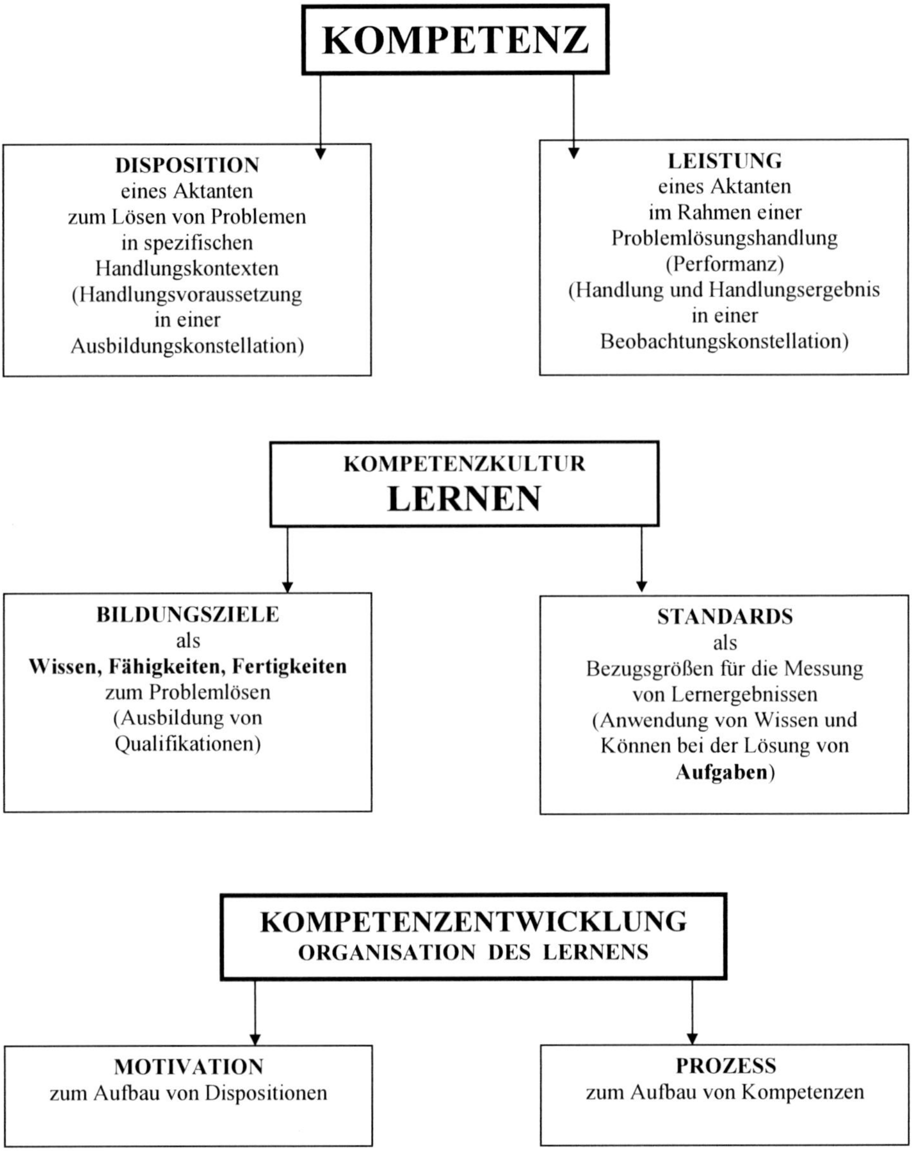

Abb. 1 Kompetenz und Kompetenzentwicklung

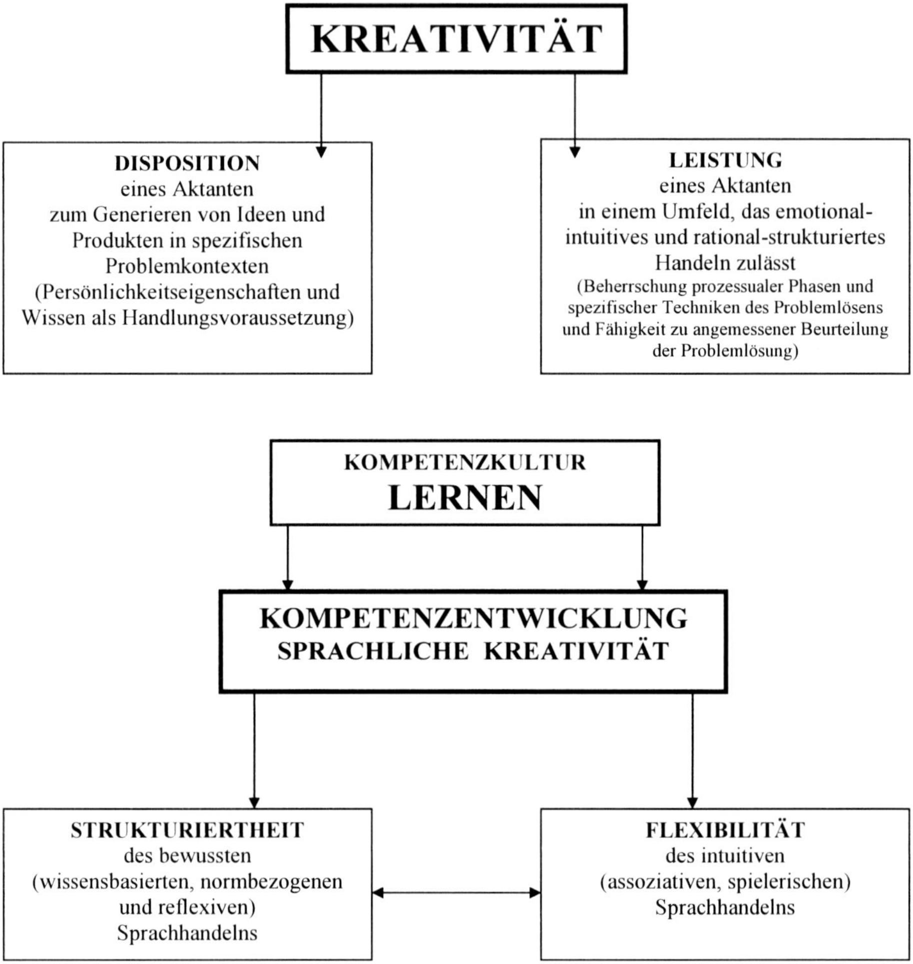

Abb. 2 Kreativität und Kreativitätsentwicklung

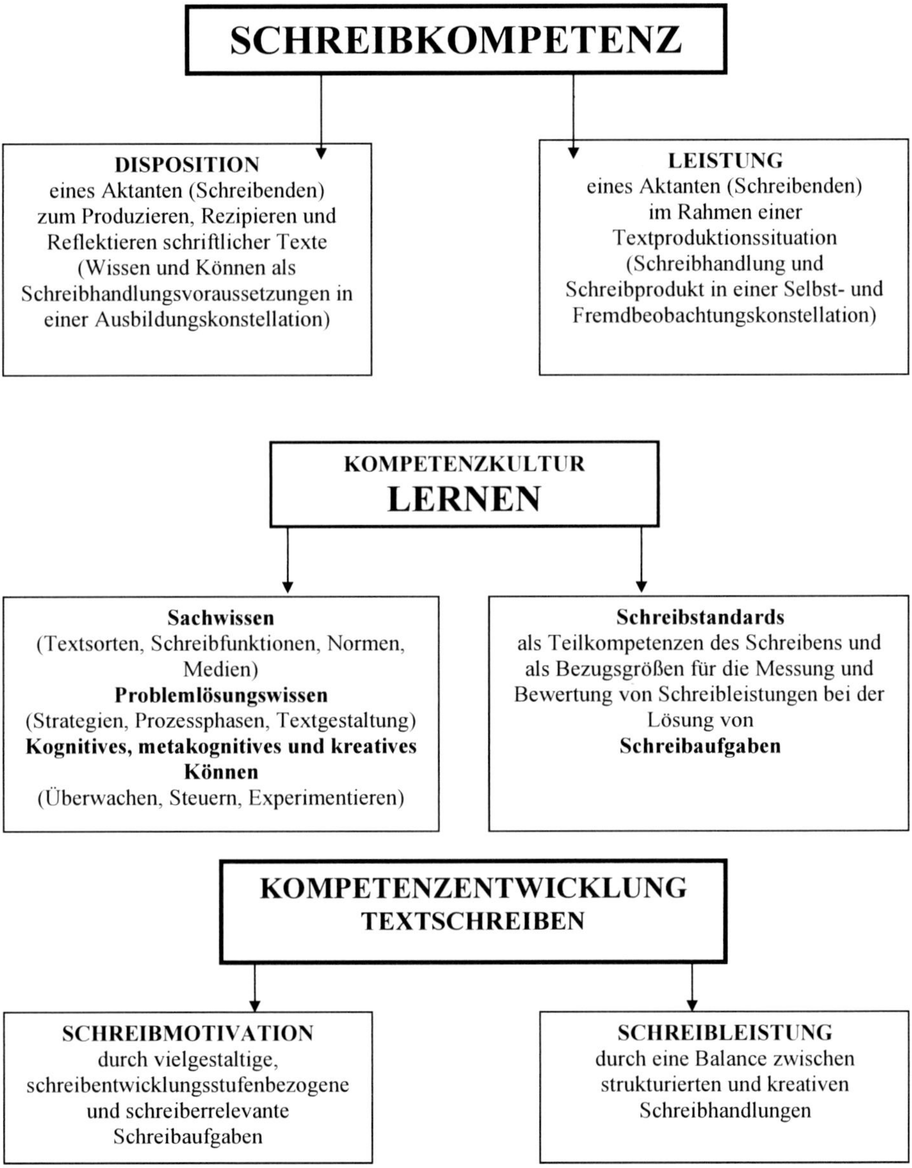

Abb. 3 Schreibkompetenz und Schreibkompetenzentwicklung

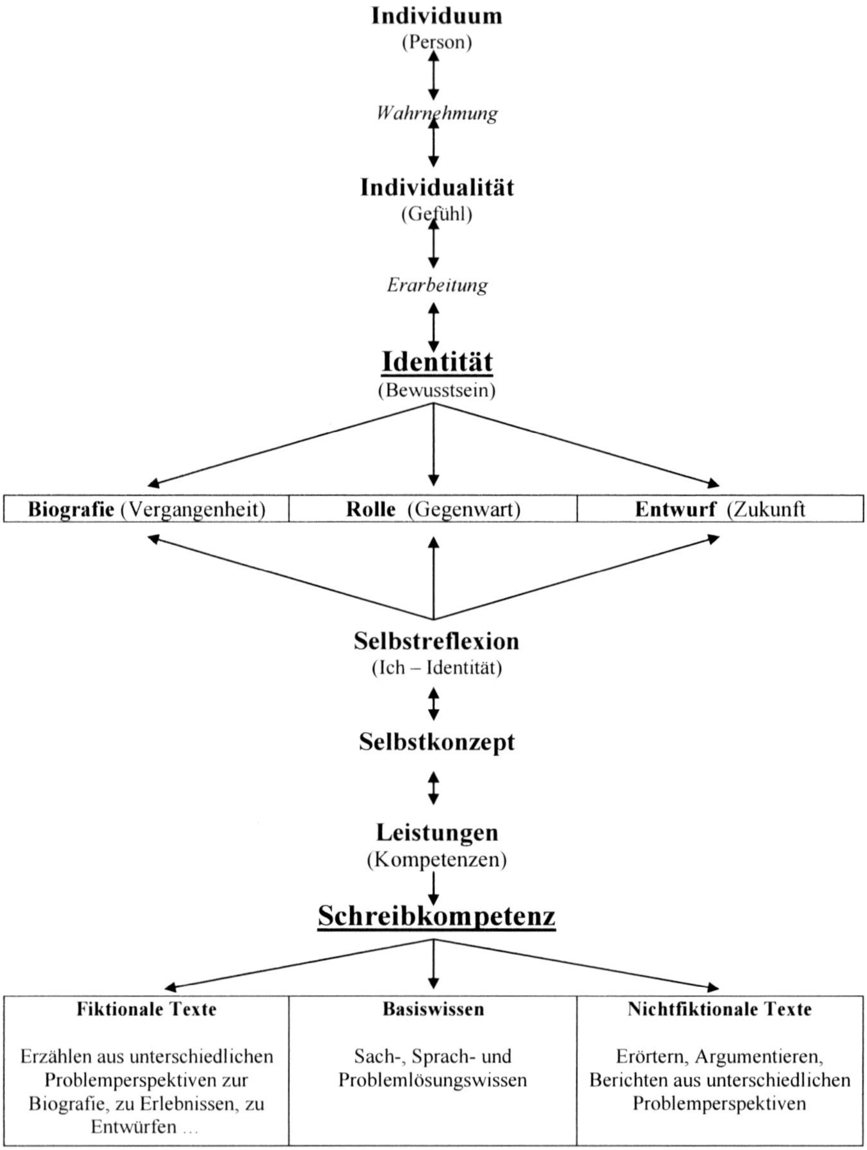

Abb. 4 Schreibkompetenz und Identität

Schreiber-Kompetenz
[Textgestaltungskompetenz]

↓

Beobachtungskonstellation:
Schreibleistung im Rahmen der Lösung einer Schreibaufgabe

↓

<u>Qualität des Schreibproduktes:</u>
Textbeurteilungskriterien
am Beispiel der
Erzählung

↓

Zielerreichung	Sachbezug	Strukturierung	Formulierung	Reflexion	Überarbeitung
Textwirkung - Erzählwürdigkeit - Interessantheit - Ungewöhnlichkeit - Neuartigkeit = *Gesamteindruck* Textfunktion - Aussageabsicht - Erkenntnis - Rezipientenbezug = *Gesamtaussage*	Textinhalt - Thematizität - Konsistenz - Situativität = *Gesamtidee*	Textstruktur - Makrostruktur - Erzählstruktur = *Textaufbau*	Textstil - Erzählstil - Erzählhaltung Sprachliche Kreativität - Erzählsprache - Lexik - Syntax Normrichtigkeit - Orthografie - Grammatik = *Angemessenheit*	Metakognition und Metakommunikation - Schreibprozess . Bedingungen . Emotionen - Erzählsituation . Motivation - Selbstbild . Lebenssituation . Selbsteinschätzung . Perspektiven = *Authentizität*	Korrekturen - Streichungen - Ergänzungen - Umformulierungen = *Optimierung*

Abb. 5 Kriterien der Schreiber-Kompetenz: Qualität des Schreibproduktes

Abb. 6 Ergebnisse Voruntersuchung: Qualität des Schreibproduktes

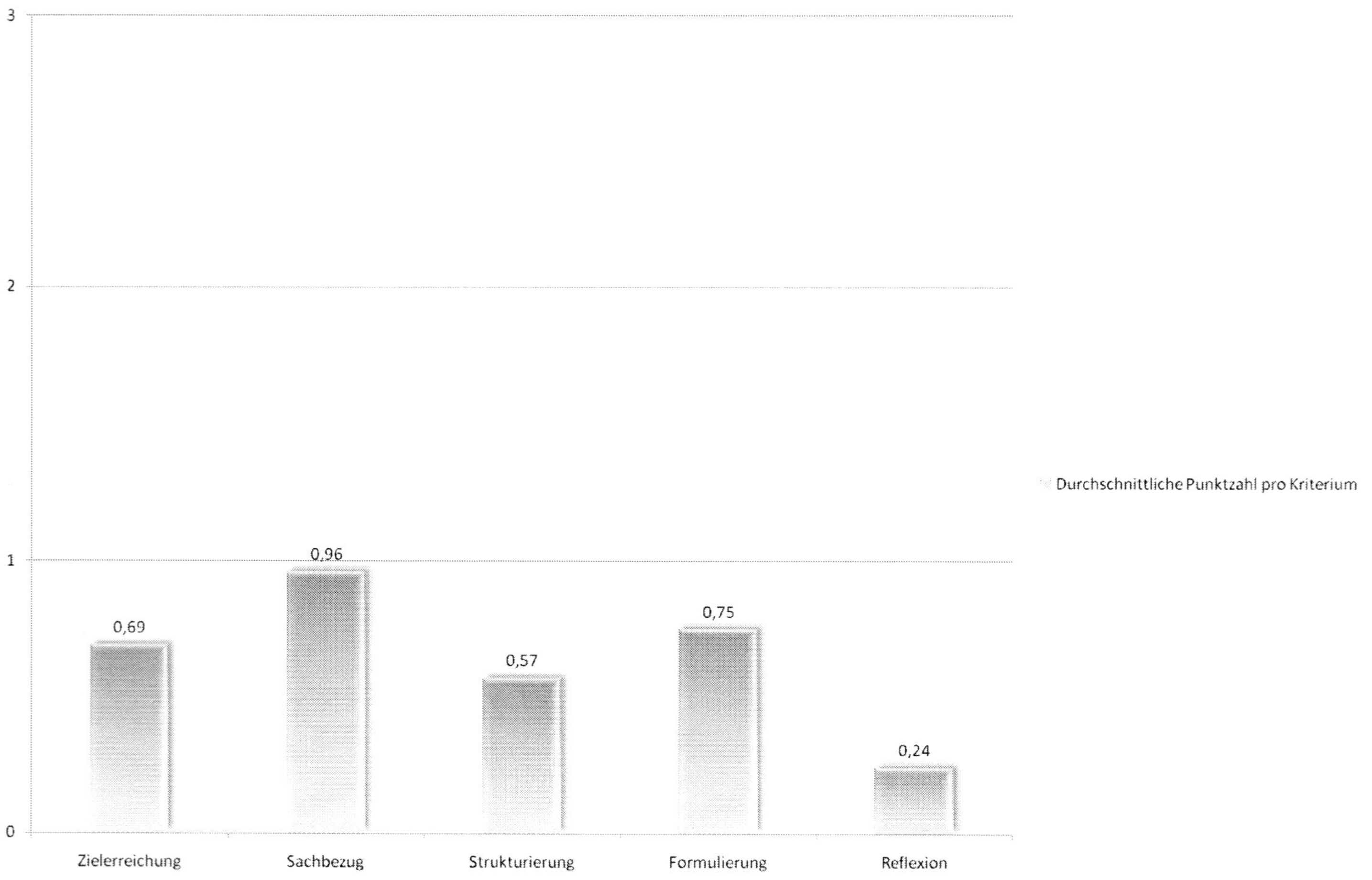

Aufgabe: Erzähle schriftlich, wie ein Tag in Deinem Traumberuf aussehen könnte!

[redacted]

Ich stehe um 7.00 Uhr auf und fahre mit meinem Auto zur Schule, dort erfahre ich das Ich die 1. Stunde eine Freistunde habe, gehe ins Lehrerzimmer und Früstücke, dann gehe Ich zur 2. Stunde in den Unterricht gebe die Arbeiten zurück, es sind alles 1. und 2. [redacted]. Dann habe ich [redacted] hofaufsicht und gehe danach zur 3. Std. dort zeige ich ein lehrreiches Video. dann habe ich 2. Std. frei und hole mir noch etwas zum essen, danach schreibe ich in meiner Klasse eine Arbeit jetzt ist die 6 Std. vorbei und der Täge geht zu ende, ich mache dann in der letzten Stunde etwas nicht so anstrengendes und fahre dann nach Hause.

Abb. 7

Aufgabe: Erzähle schriftlich, wie ein Tag in Deinem Traumberuf aussehen könnte!

Ein Tag in meinem Traumberuf - Kfz Mechatronikerin

Ich bin erst knapp eine Woche in der Werkstatt
und will allen beweisen, was ich kann. Es
kommt ein Unfallwagen, der in ein bis zwei
Tagen wieder in Schuss ist. Aber es ist nich einfach
ein Auto, nein. Es ist ein Audi tts. Er ist schwarz,
hat Alufelgen, silberne Flammen an den Seiten und
sieht einfach cool aus. Mein größter Traum, ein
solches Auto einmal zu reparieren geht in erfüllung,
der Chef, erlaubt mir mit zu helfen und ich darf,
wenn er wieder läuft sogar die Probefahrt durch-
führen. Dann ist es soweit, das Auto ist repariert und
ich habe die Probefahrt gemacht. Der Kunde ist
sehr zufrieden, und kommt bei erneuten Problemen
gern auf uns zurück. Der Chef ist zufrieden und
weiß, dass ich etwas kann.

Abb. 8

Abb. 9 Auswertung: Qualität der Schreibreflexion

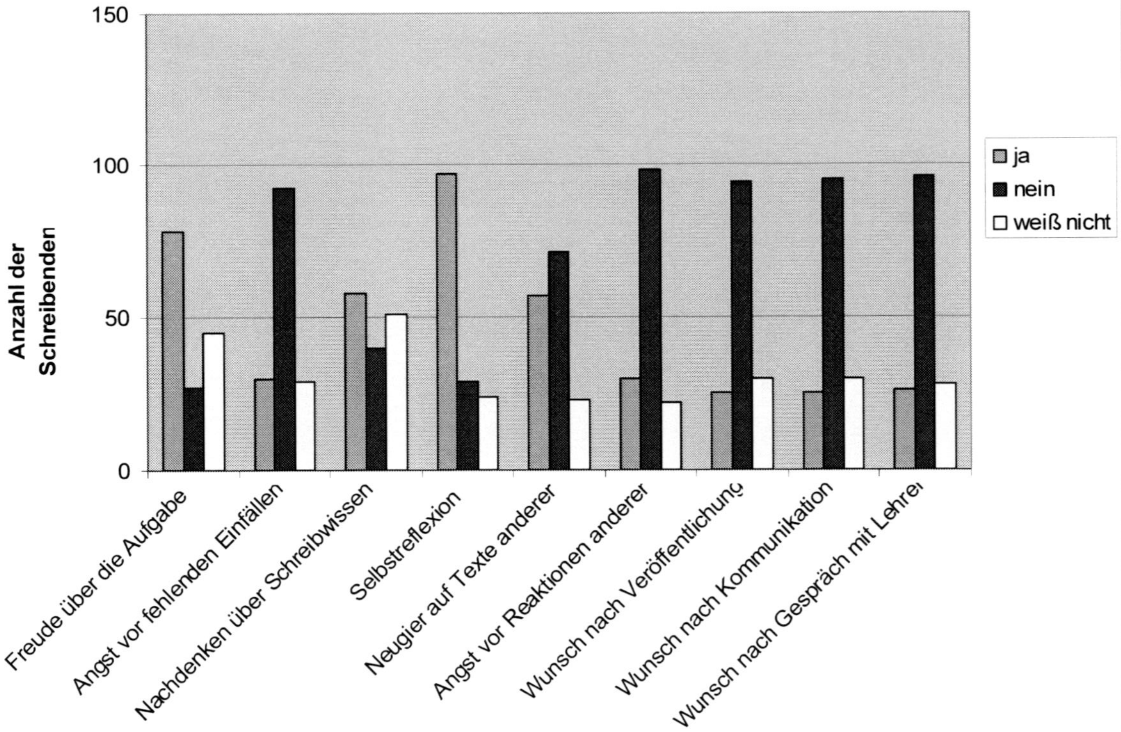

KREATIV – KOGNITIVES SCHREIBEN

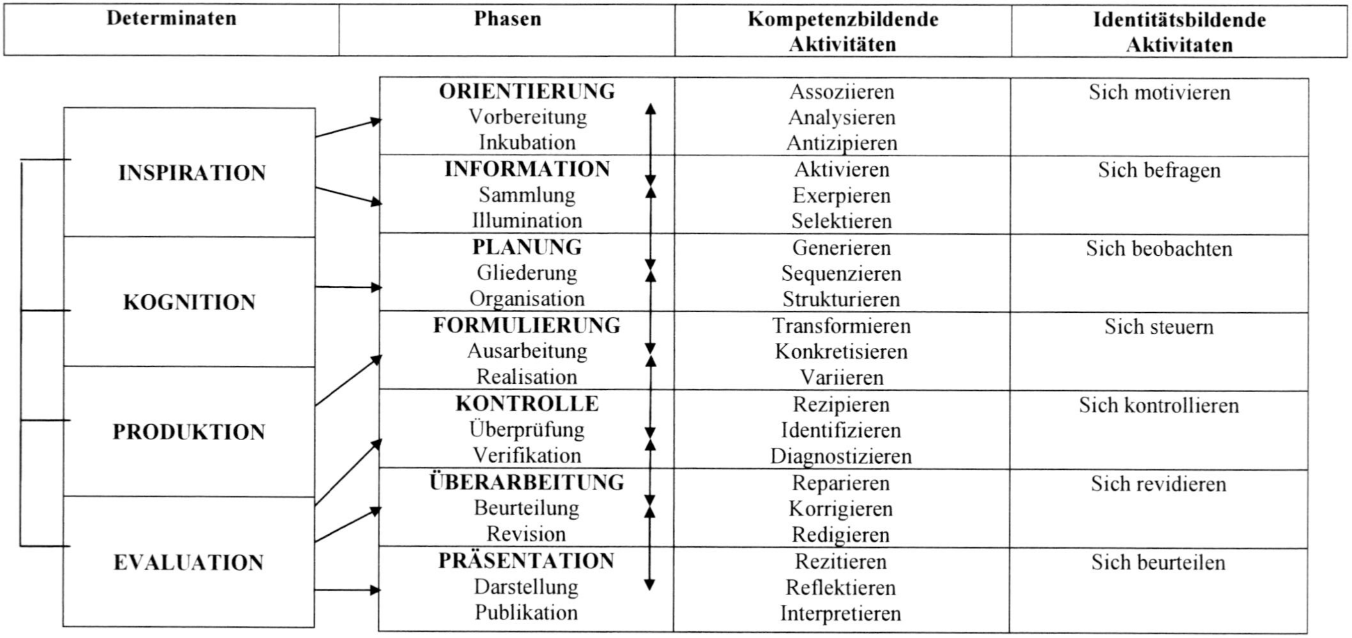

Abb. 10 Modell des Kreativ-kognitiven Schreibens

KREATIV - KOGNITIVES SCHREIBEN

Determinante	Phase	Kompetenzbildende Aktivitäten	Identitätsbildende Aktivitäten
INSPIRATION	**ORIENTIERUNG** Vorbereitung Inkubation	**Repräsentieren der Schreibaufgabe** Analysieren der Schlüsselbegriffe Assoziieren eines Clusters Interpretieren des Themas / Problems Zerlegen des Problems in Teilprobleme Mindmapping Erkennen des Schreibziels Antizipieren des Lesers Bestimmen der Lesererwartung Bestimmen der Rolle des Schreibers	**Sich zur Aufgabenlösung / Problemlösung motivieren** Herstellen eines Selbstbezugs zum Thema / Problem Bestimmen der persönlichen Bedeutsamkeit des Themas Persönliche Entwicklungsperspektiven bedenken Alternativen erwägen Formulieren einer Nützlichkeitserwartung
	INFORMATION Sammlung Illumination	**Bereitstellen von Inhalten** Aktivieren von Gedächtnisinhalten Personales Schreiben Suchen von Informationen in externen Quellen Rezipieren von Texten Exerpieren und Konspektieren Sammeln von Stoff Selektieren von Informationen Bewerten von Wissen Erkennen von Sinnstrukturen Zusammenfassen von Informationen Erkennen einer Schreibidee	**Sich zum Thema befragen** Aufrufen von eigenen Erfahrungen, Erlebnissen, Eindrücken zum Thema Aufrufen von Schreiberfahrungen und Schreibleistungen im thematischen Kontext Suchen im Langzeitgedächtnis Informationen über sich selbst sammeln Biografische Fakten analysieren und selektieren Sich anregen lassen von fiktiven und nicht fiktiven Texten zum Thema Sich mit anderen unterhalten

Abb. 11 Inspirative Aktivitäten

KREATIV - KOGNITIVES SCHREIBEN

Determinante	Phase	Kompetenzbildende Aktivitäten	Identitätsbildende Aktivitäten
KOGNITION	PLANUNG Gliederung Organisation	**Anordnen von Inhalten** Erstellen eines Schreibplans Aufstellen von Thesen zur Schreibidee / Problemlösungsidee Lineares Anordnen von Inhalten Konzeptionelles Gliedern der Darstellung Herstellen einer Makrostruktur des Textes Organisieren des Schreibprozesses Bereitstellen von Materialien und Werkzeugen Herstellen einer Schreibsituation Orientieren an einer Textsorte Aufrufen eines Textmusters	**Sich beim Nachdenken und Schreiben beobachten** Hypothesen zu persönlichen Perspektiven im thematischen Kontext aufstellen Analysieren des aktuellen Selbstbildes Seine eigenen Leistungen beurteilen Ziele in der zukünftigen Lebensführung benennen Schwerpunkte des Selbstkonzeptes setzen Sich mit realen und fiktiven Figuren vergleichen Sich als Schreibender analysieren Seine kognitiven und schriftsprachlichen Leistungen einschätzen Sich seiner Schreiberstärken und –schwächen bewusst werden Besinnen auf den individuellen Schreibstil Festlegen von Maßnahmen zur Aufrechterhaltung seiner Schreibmotivation Entscheiden für eine Schreibstrategie

Abb. 12 Kognitive Aktivitäten

KREATIV - KOGNITIVES SCHREIBEN

Determinante	Phase	Kompetenzbildende Aktivitäten	Identitätsbildende Aktivitäten
PRODUKTION	**FORMULIERUNG** Ausarbeitung Realisation	**Schreiben des Textes** Realisieren des Schreibplans Ausarbeiten der Lösungsidee Zuordnen von inhaltlichen Schwerpunkten zu größeren Textteilen Transformieren der Makrostruktur Erpoben von Textvarianten Variieren von Formulierungen Orientieren am Textmuster Herstellen eines kohärenten Textes Einhalten von schriftsprachlichen Normen Vergleichen des entstehenden Textes mit dem Schreibplan	**Sich beim Schreiben steuern** Ausloten von alternativen Lebensentwürfen durch verschiedene Schreibversuche Gestalten von Varianten des Selbstkonzeptes Beobachten des eigenen Schreibverhaltens Steuern der Schreibaktivitäten entsprechend der Schreibstrategie Regulieren textualer und prozessualer Abweichungen Aufrechterhalten der Schreibmotivation und -konzentration

Abb. 13 Produktive Aktivitäten

KREATIV - KOGNITIVES SCHREIBEN

Determinante	Phase	Kompetenzbildende Aktivitäten	Identitätsbildende Aktivitäten
EVALUATION	KONTROLLE Überprüfung Verifikation	**Lesen des Textes** Beurteilen des Textkohärenz Überprüfen der Zielerreichung Einnehmen der Leserperspektive Einschätzen der Brauchbarkeit der Problemlösung Kontrollieren der Normrichtigkeit Identifizieren von textuellen Unzulänglichkeiten	**Sich in seiner Schreibleistung kontrollieren** Beurteilen der Authentizität Reflektieren des Identitätsgewinns Überprüfen der Schreiberwartungen Reflektieren neuer Schreiberfahrungen Identifizieren von kognitiv-sprachlichen Unzulänglichkeiten Diagnostizieren von Fehlerursachen
	ÜBERARBEITUNG Beurteilung Revision	**Korrigieren des Textes** Reparieren des Textes Revidieren der Darstellung Verwerfen der Darstellung Neuschreiben des Textes Herstellen einer Endfassung Bewerten des Schreibproduktes	**Sich in seinem Schreibergebnis beurteilen** Revidieren der Selbstdarstellung Neufassen eines Selbstkonzeptes Beurteilen des Individualstils Bewerten des Schreibprozesses Bewerten der Schreibleistung
	PRÄSENTATION Darstellung Publikation	**Veröffentlichen des Textes** Publizieren der Endfassung Bewerten der Textwirkung Interpretieren der Leserreaktionen Ableiten von Schreibentwicklungsmaßnahmen	**Sich in seiner Darstellungsleistung beurteilen** Reflektieren der eigenen Befindlichkeit bei Leserreaktionen Bewerten der Wirksamkeit des Selbstkonzeptes

Abb. 14 Evaluative Aktivitäten

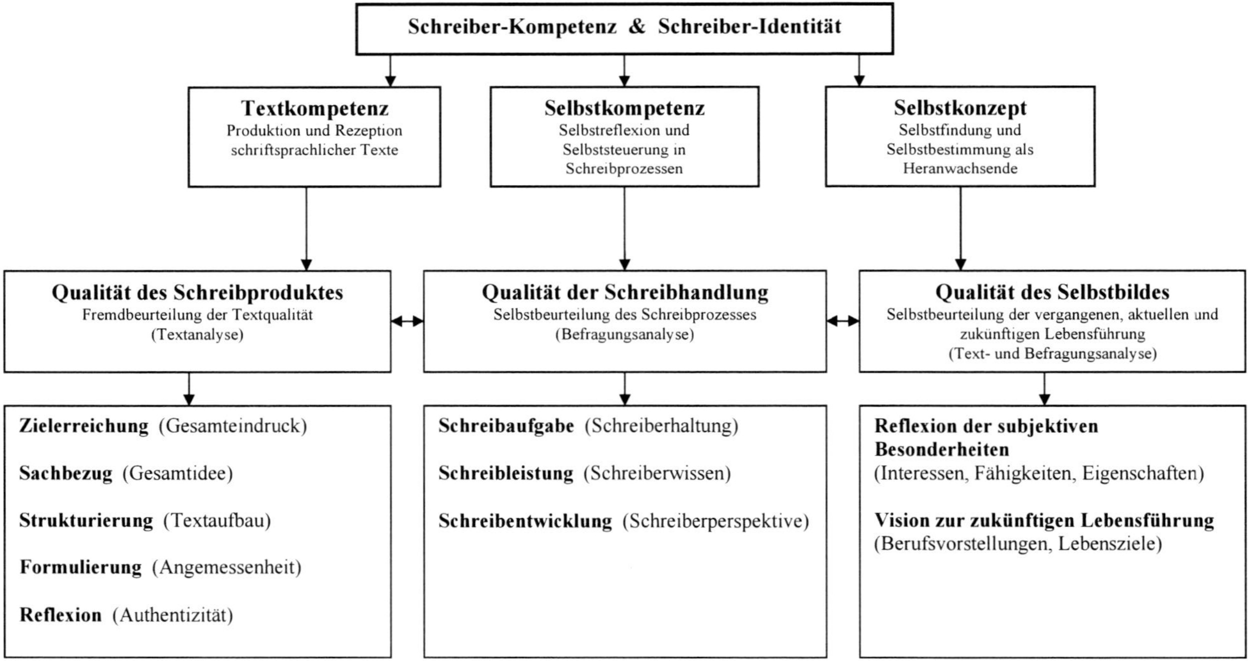

Abb. 15 Raster zur Kompetenzanalyse im Rahmen des Schreibprojektes

Analyse der Textkompetenz
Qualität des Schreibproduktes
(Fremdbeurteilung der fiktiven Erzählungen zum Thema *Wunschberuf*)

Zielerreichung	Sachbezug	Strukturierung	Formulierung	Reflexion
Gesamteindruck	*Gesamtidee*	*Textaufbau*	*Angemessenheit*	*Authentizität*
Fiktionalität der Erzählung unter Beachtung der Erkennbarkeit des subjektiven Glücksgefühls (Phantasieerzählung) bzw. der Überzeugungskraft der Darstellung (Fiktiver Brief) im Kontext des Wunschberufes	Inhaltlich-thematische Konsistenz des Erzähltextes unter Beachtung der fiktionalen Situativität des Arbeitstages (Phantasieerzählung) bzw. der adressatenbezogenen Aufbereitung des fiktiven Erlebnisses (Fiktiver Brief)	Strukturelle Kohärenz der Textgestaltung unter Beachtung der Chronologie der Ereignisfolge (Phantasieerzählung) bzw. der Briefform (Fiktiver Brief)	Anschaulichkeit der Erzählsprache unter Beachtung der wertenden Erzählhaltung (Phantasieerzählung) und der Anrede- und Abschlussformeln (Fiktiver Brief)	Selbstbezug im Erzählkontext unter Beachtung der kausalen Verknüpfungen zwischen Selbstbild und Berufsbild

Abb. 16 Analyse der Textkompetenz

Abb. 17 Ergebnisse Schreibprojekt: Textkompetenz- Phantasieerzählung

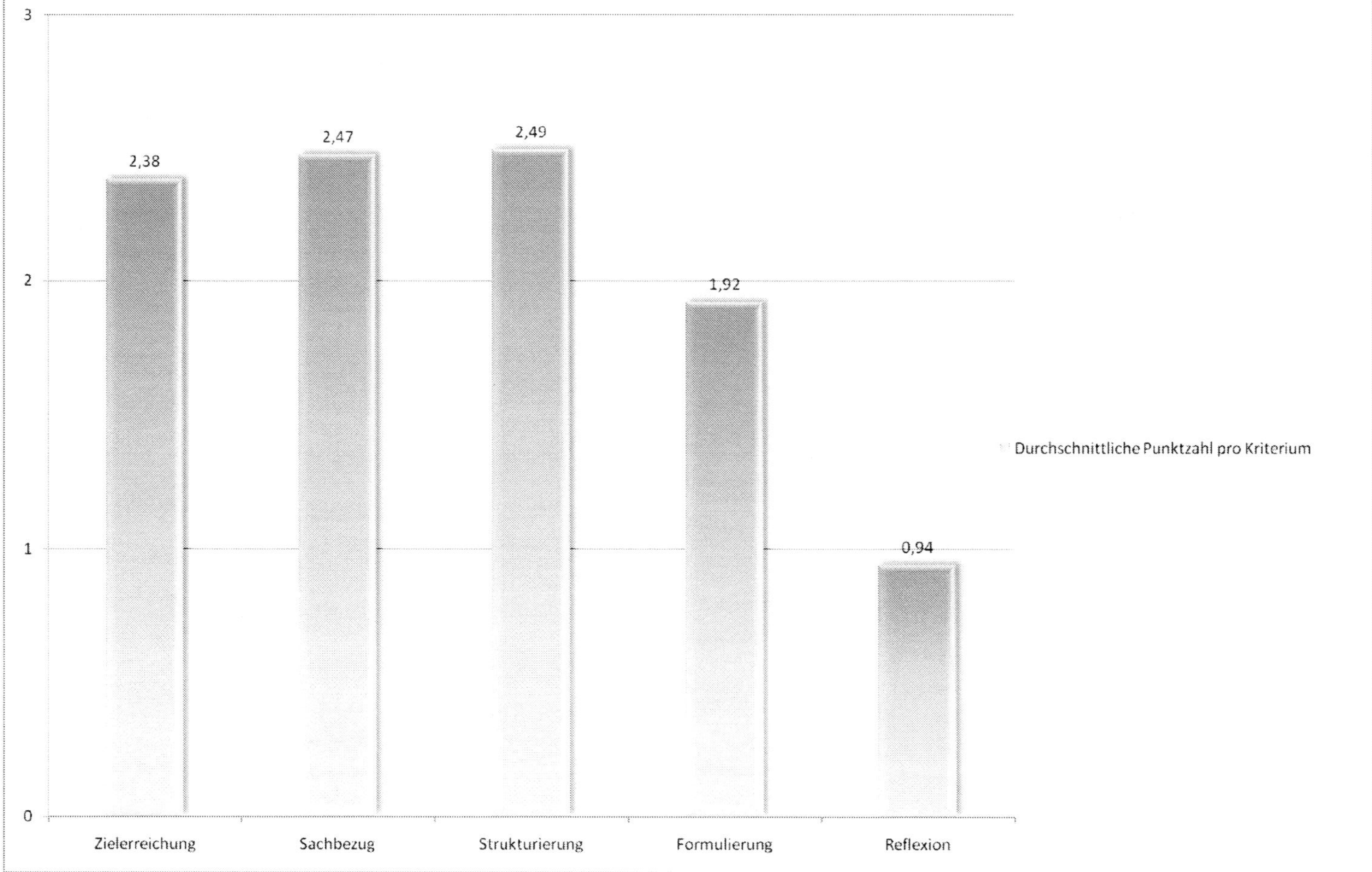

Abb. 18 Ergebnisse Schreibprojekt: Textkompetenz - Fiktiver Brief

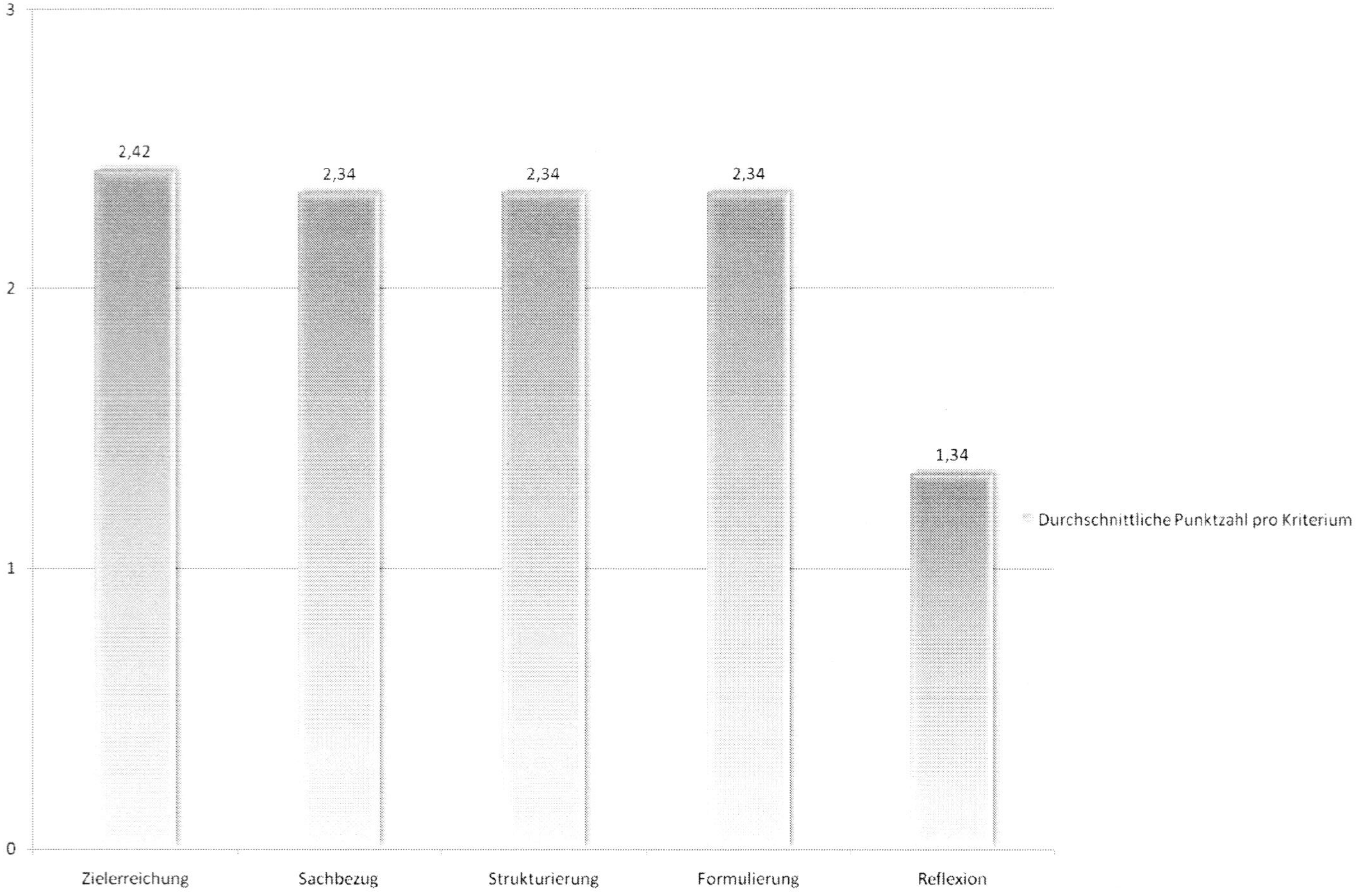

Abb. 19 Ergebnisse Schreibprojekt: Textkompetenz - Gesamtergebnis

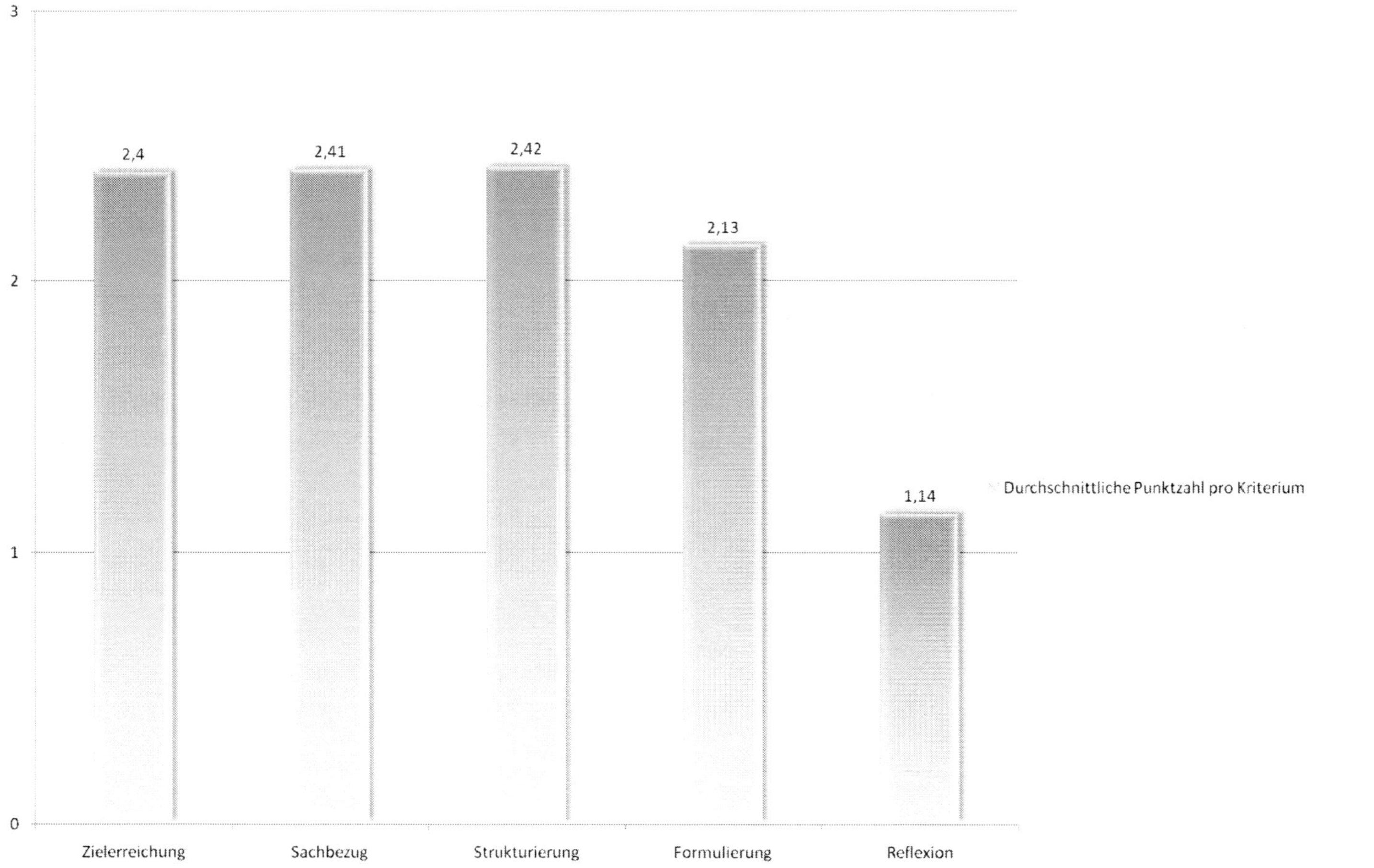

Analyse der Selbstkompetenz
Qualität der Schreibhandlung
(Selbstbeurteilung in den Befragungen)

Schreibaufgabe	**Schreibleistung**	**Schreibentwicklung**
Schreiberhaltung	*Schreiberwissen*	*Schreiberperspektive*
Einstellung zum Schreiben (Beliebtheitsgrad) Bedeutsamkeit des Schreibens (Funktionszuweisung)	Fähigkeiten zum Verfassen von Texten Fähigkeiten zur Gestaltung des Schreibablaufs Fähigkeiten zur Gestaltung der Schreibphasen Haltung gegenüber dem Überarbeiten von Texten Gewichtung der Überarbeitungsaktivitäten	Entwicklungsziele bezüglich der Schreibfähigkeiten (Unterrichtsbezug) Weiterführung des Schreibens im berufsbezogenen Kontext (Berufsorientierung / Berufswahl)

Abb. 20 Analyse der Selbstkompetenz

Abb. 21 Ergebnisse Schreibprojekt: Selbstkompetenz - Schreibaufgabe (Schreiberhaltung)

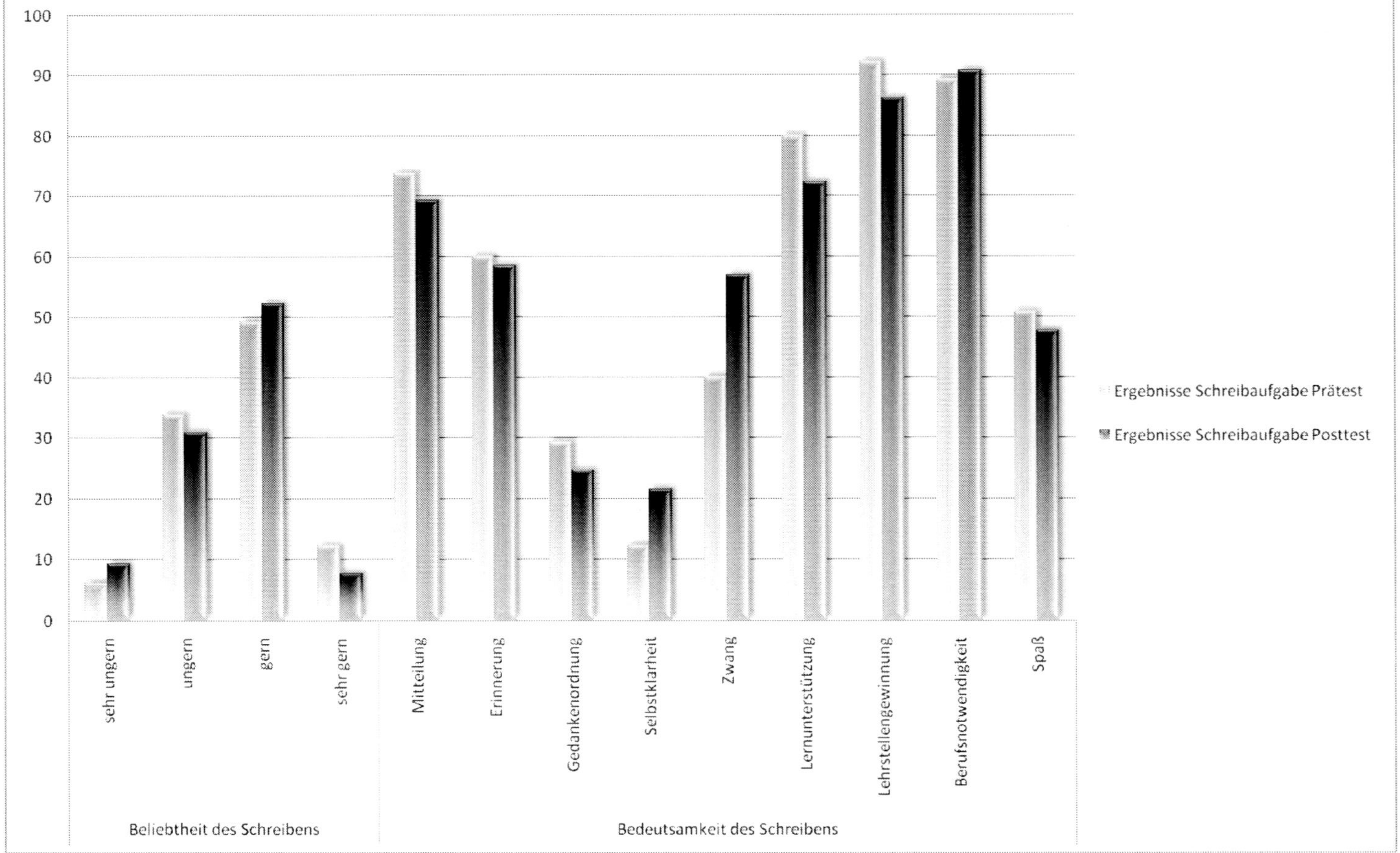

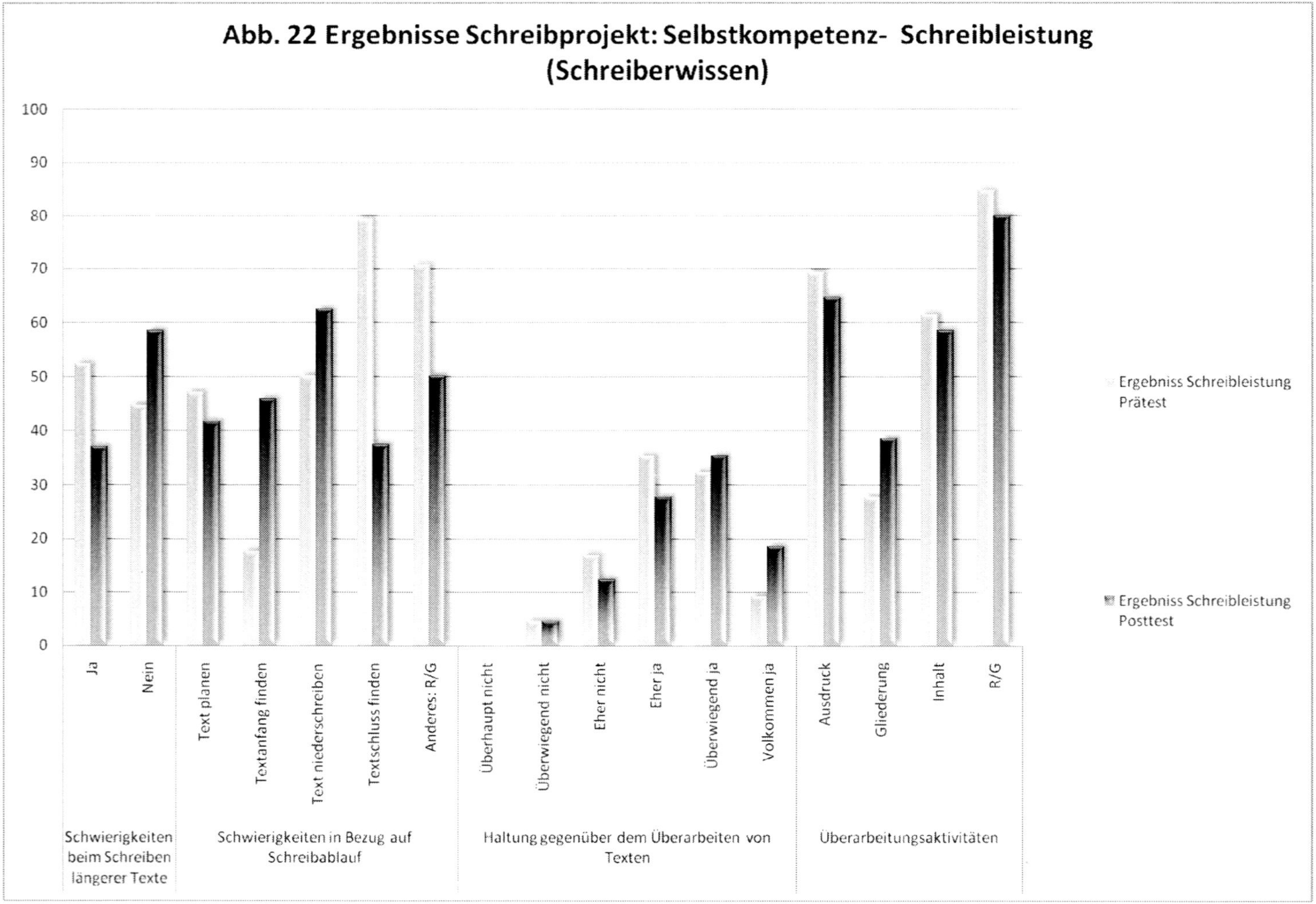
Abb. 22 Ergebnisse Schreibprojekt: Selbstkompetenz- Schreibleistung (Schreiberwissen)
100
90
80
70
60
50
40
30
20
10
0
Ja
Nein
Text planen
Textanfang finden
Text niederschreiben
Textschluss finden
Anderes: R/G
Überhaupt nicht
Überwiegend nicht
Eher nicht
Eher ja
Überwiegend ja
Volkommen ja
Ausdruck
Gliederung
Inhalt
R/G
Schwierigkeiten beim Schreiben längerer Texte
Schwierigkeiten in Bezug auf Schreibablauf
Haltung gegenüber dem Überarbeiten von Texten
Überarbeitungsaktivitäten
Ergebniss Schreibleistung Prätest
Ergebniss Schreibleistung Posttest

Abb. 23/1 Ergebnisse Schreibprojekt: Selbstkompetenz - Schreibentwicklung (Schreiberperspektive)

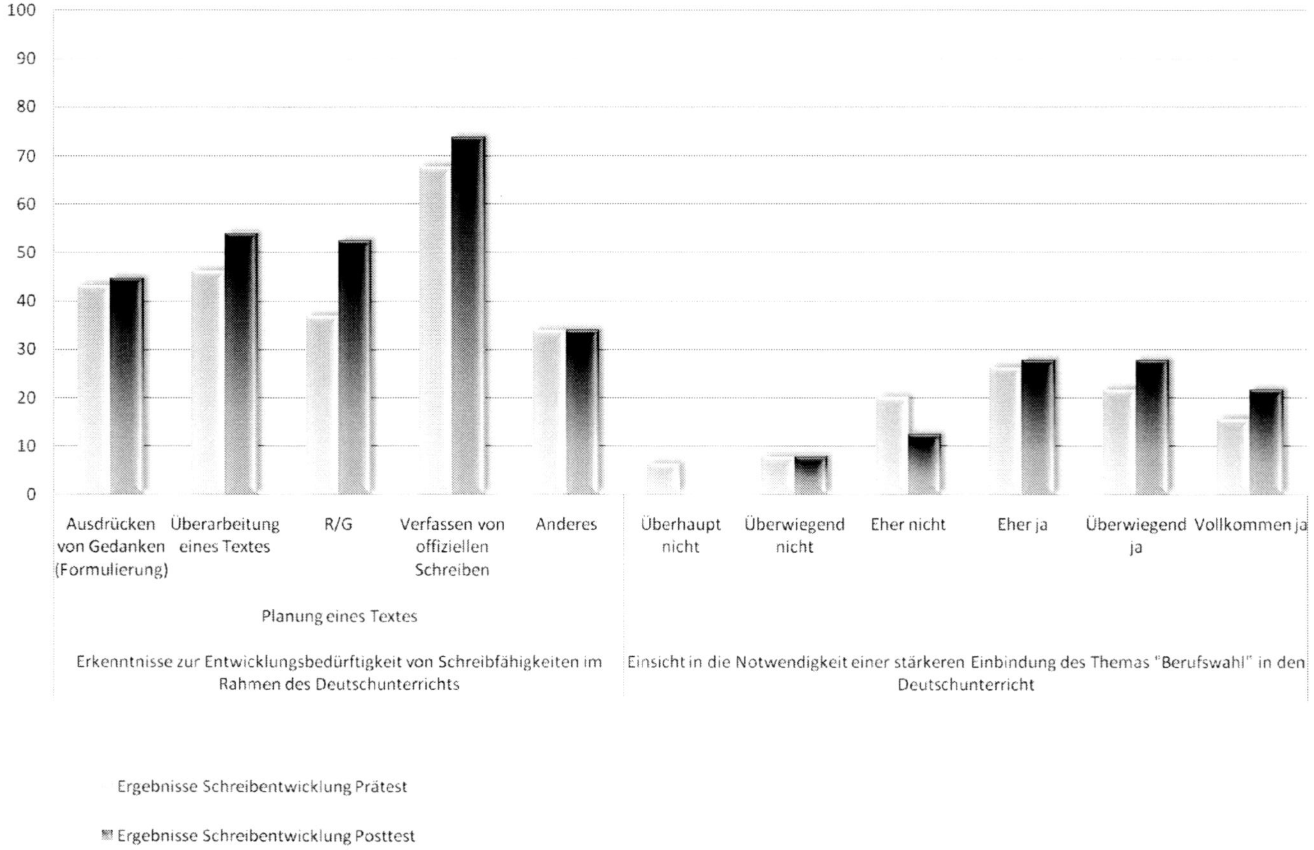

Abb. 23/2 Ergebnisse Schreibprojekt: Selbstkompetenz - Schreibentwicklung (Schreiberperspektive)

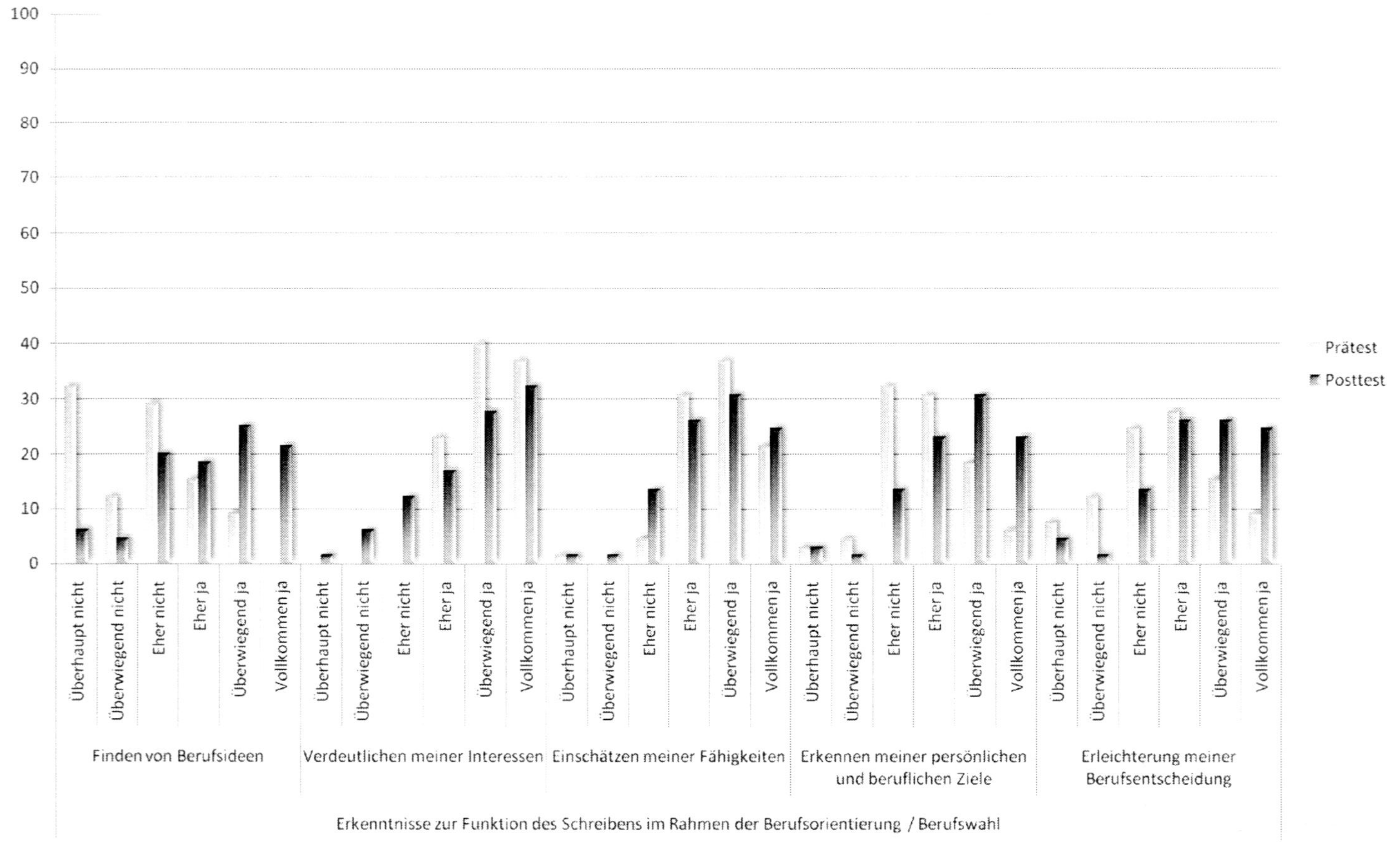

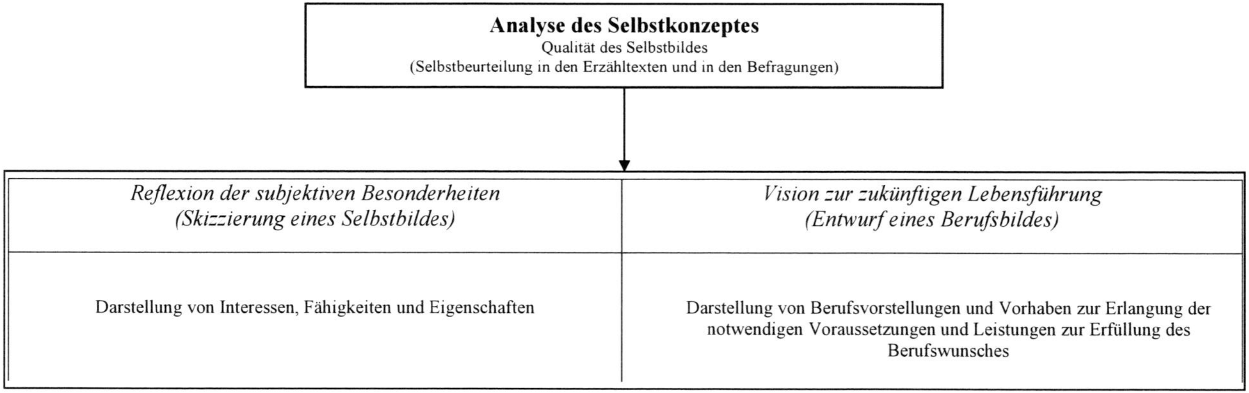

Abb. 24 Analyse des Selbstkonzeptes

Abb. 25 Ergebnisse Schreibprojekt: Selbstkompetenz - Selbstbild (Textanalyse)

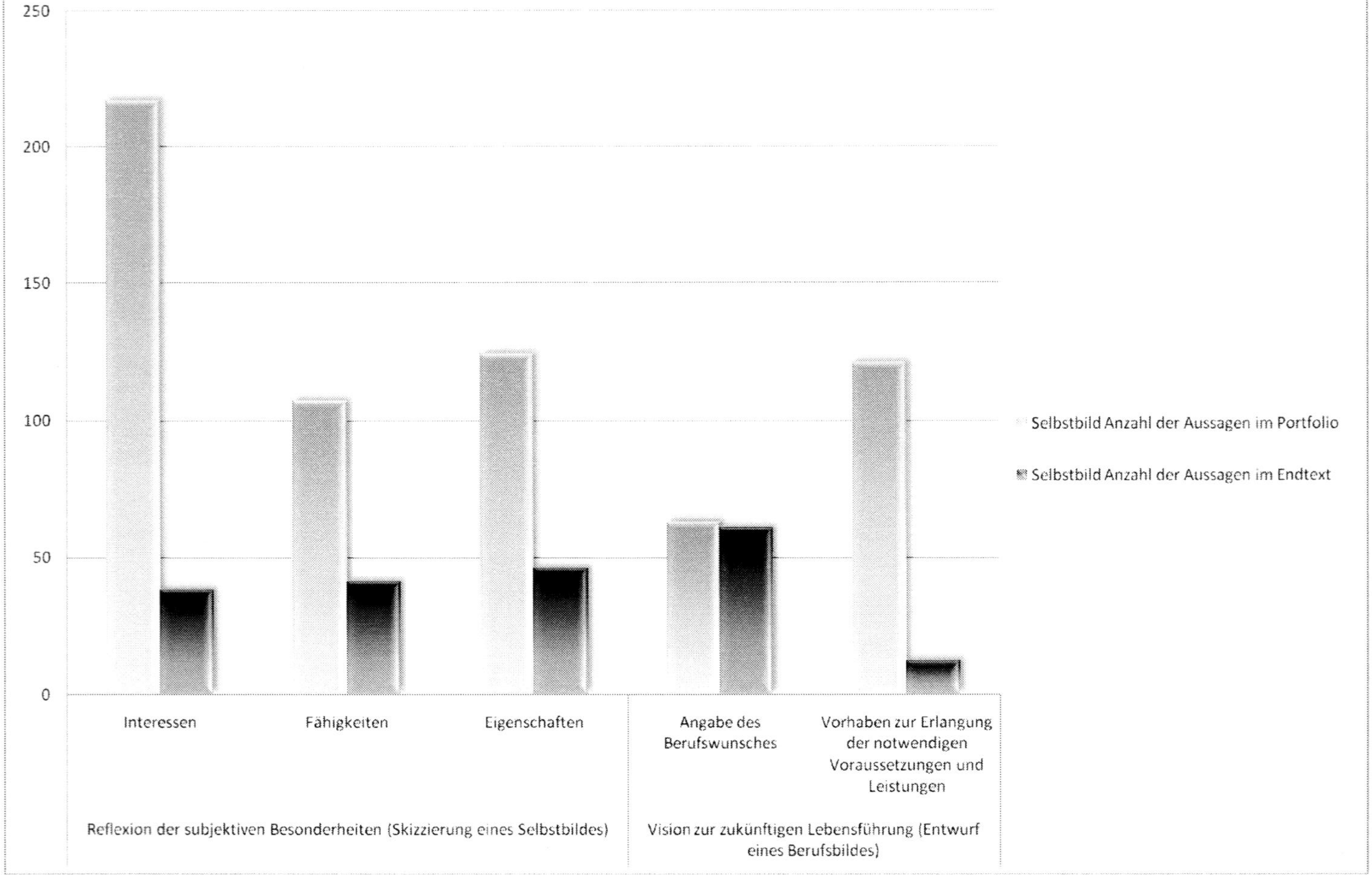

Abb. 26/1 Ergebnisse Schreibprojekt: Selbstkonzept - Selbstbild (Befragungsanalyse)

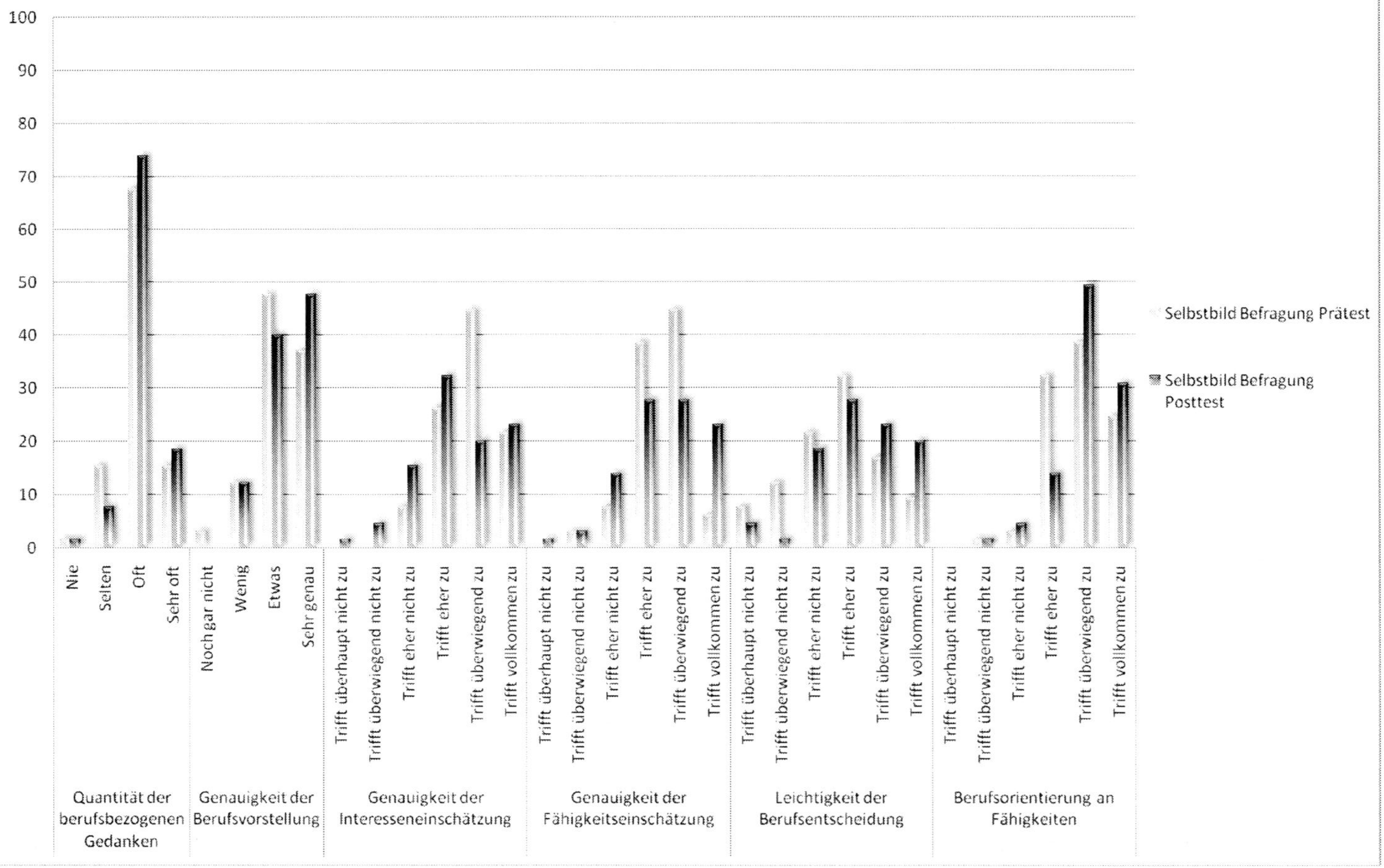

Abb. 26/2 Ergebnisse Schreibprojekt: Selbstkonzept - Selbstbild (Befragungsanalyse)

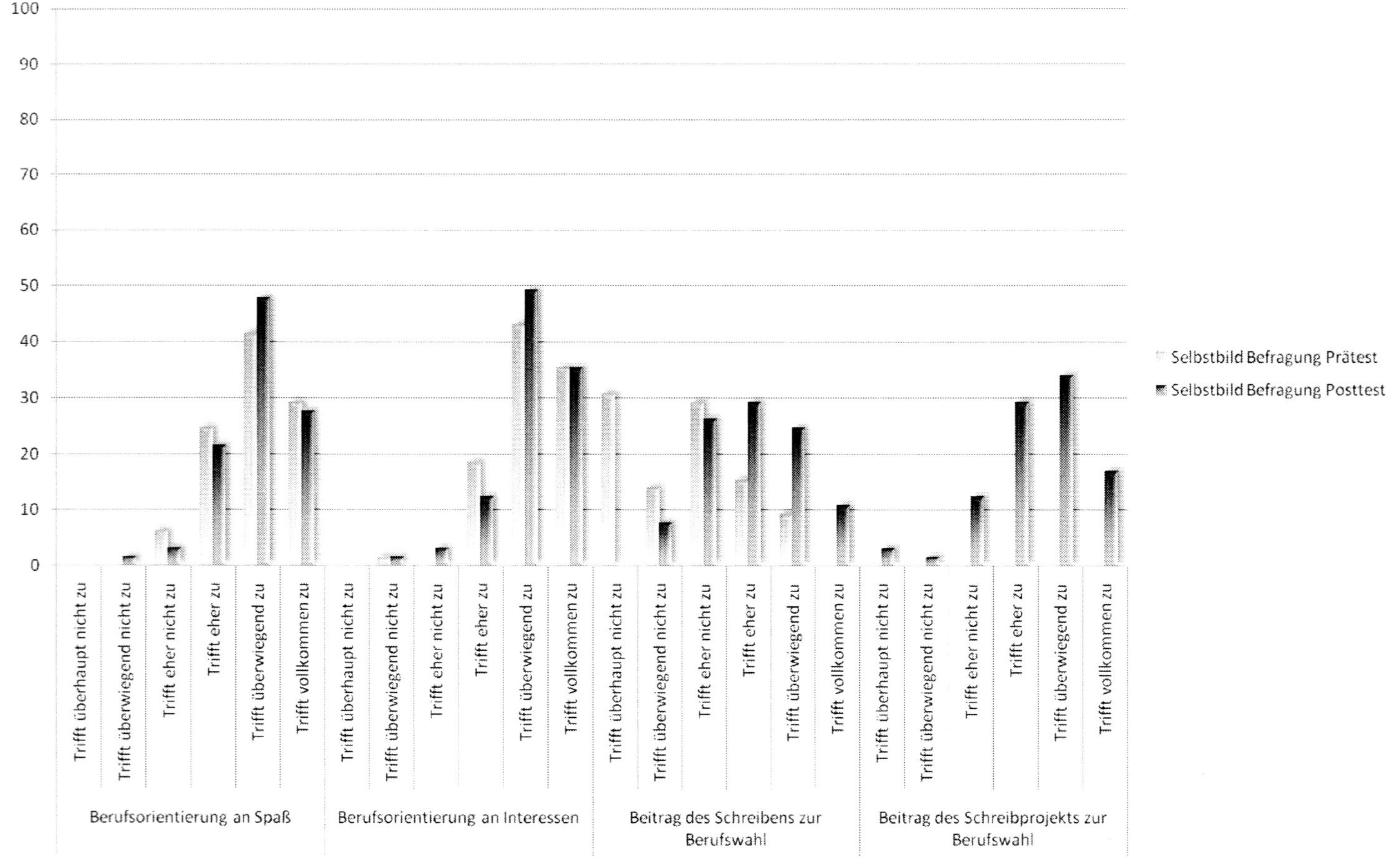

Literaturverzeichnis

Abele, Andrea E.: Selbstregulationskompetenzen und beruflicher Erfolg. In: Wiese, Bettina S. (Hrsg.): Individuelle Steuerung beruflicher Entwicklung. Campus. Frankfurt / New York 2004, S. 61 – 89.

Abels, Heinz: Identität. VS Verlag für Sozialwissenschaften. Wiesbaden 2006.

Abraham, Ulf: Was tun mit Steinen? Gibt es eigentlich ein „Kreatives Schreiben" im Deutschunterricht? In: ide – Informationen zur Deutschdidaktik. Heft 4. Innsbruck 1998, S. 19 – 36.

Abraham, Ulf /Kepser, Matthis: Literaturdidaktik Deutsch. Eine Einführung. Schmidt. Berlin 2005.

Abraham, Ulf: P/poetisches V/verstehen. Zur Eingemeindung einer anthropologischen Erfahrung in den kompetenzorientierten Deutschunterricht. In: Winkler, Iris / Masanek, Nicole / Abraham, Ulf (Hrsg.): Poetisches Verstehen. Literaturdidaktische Positionen – empirische Forschung – Projekte aus dem Deutschunterricht. Schneider Verlag Hohengehren. Baltmannsweiler 2010, S. 9 – 22.

Adamzik, Kirsten / Neuland, Eva: Zur Linguistik und Didaktik von Textsorten. In: Der Deutschunterricht. Heft 1 / 2005, S. 2 – 12.

Alsaker, Francoise / Kroger, Jane: Identitätsentwicklung. In: Hasselhorn, Marcus / Schneider, Wolfgang (Hrsg.): Handbuch der Entwicklungspsychologie. Band 7. Hogrefe. Göttingen – Bern – Wien u.a. 2007, S. 371 – 380.

Antos, Gerd: Eigene Texte herstellen! Schriftliches Formulieren in der Schule. In: Der Deutschunterricht. Heft 3 / 1988, S. 37 - 48

Augst, Gerhard / Disselhoff, Katrin / Henrich, Alexandra / Pohl, Thorsten / Völzing, Paul-Ludwig: Text-Sorten-Kompetenz. Eine echte Longitudinalstudie zur Entwicklung von Textkompetenz im Grundschulalter. Lang. Frankfurt / M. 2007.

Baurmann, Jürgen / Ludwig, Otto: Aufsätze vorbereiten – Schreiben lernen. In: Praxis Deutsch H. 80 / 1986, S. 16 – 22.

Baurmann, Jürgen / Weingarten, Rüdiger (Hrsg.): Schreiben. Prozesse, Prozeduren und Produkte. Westdeutscher Verlag. Opladen 1995.

Baurmann, Jürgen / Müller, Astrid: Zum Schreiben motivieren – das Schreiben unterstützen. Ermutigung zu einem schreiberdifferenzierten Unterricht. In: Praxis Deutsch H. 149 / 1998, S. 16 – 22.

Baurmann, Jürgen: Schreiben-Überarbeiten-Beurteilen. Kallmeyer. Seelze (Velber) 2002.

Baurmann, Jürgen: Überarbeiten von Texten – sieben Fragen, sieben Antworten und ein Praxisbeispiel. In: Deutschunterricht. Heft 1 / 2005, S. 4 – 9.

Baurmann, Jürgen: Förderung des Schreibbewusstseins bei Schülerinnen und Schülern. In: Berning, Johannes / Kessler, Nicola / Koch, Helmut H. (Hrsg.): Schreiben im Kontext von Schule, Universität, Beruf und Lebensalltag. LIT Verlag. Berlin 2006, S. 291 – 305.

Beck, Oswald / Hofen, Nikolaus: Aufsatzunterricht Grundschule. Handbuch für Lehrende und Studierende. Schneider Hohengehren. Baltmannsweiler 1990.

Becker-Mrotzek, Michael: Das Universum der Textsorten in Schülerperspektive. In: Der Deutschunterricht. Heft 1 / 2005, S. 68 – 77.

Becker-Mrotzek, Michael / Böttcher, Ingrid: Schreibkompetenz entwickeln und beurteilen. Praxishandbuch für die Sekundarstufe I und II. Cornelsen. Berlin 2006.

Becker-Mrotzek, Michael / Schindler, Kirsten: Schreibkompetenz modellieren. In: Günther, Hartmut / Bredel, Ursula / Becker-Mrotzek, Michael (Hrsg.): Kölner Beiträge zur Sprachdidaktik. Reihe A: Texte schreiben. Bd. 5. Gilles & Francke. Duisburg 2007, S. 7 – 26.

Behnken, Imbke / Messner, Rudolf / Rosebrock, Cornelia / Zinnecker, Jürgen: Lesen und Schreiben aus Leidenschaft: Jugendkulturelle Inszenierungen von Schriftkultur. Juventa. Weinheim 1997.

Bereiter, Carl: Development in writing. In: Gregg, L. / Steinberg, E.R. (Eds.): Cognitive processes in writing: An interdisciplinary approach. Lawrence Erlbaum. Hillsdale, NJ 1980, S. 1 – 64.

Berliner Schreibberatung: Biografisches Schreiben. http://www. schreibberatung.de / biografie.htm. (24.01.2008).

Berning, Johannes: Schreiben als Wahrnehmungs- und Denkhilfe. Elemente einer holistischen Schreibpädagogik. Diss. Westfälische Wilhelms-Universität 2001.

Bertram, Georg W.: Kreativität und Normativität. In: Abel, Günter (Hrsg.): Kreativität. XX. Deutscher Kongress für Philosophie. Univ.-Verlag TU Berlin 2005, S. 273 – 283.

Bildungsstandards der Kultusministerkonferenz. Erläuterungen zur Konzeption und Entwicklung. Luchterhand. München 2005.

Bildungsstandards im Fach Deutsch für den Mittleren Schulabschluss. KMK Beschluss vom 4.12.2003. Luchterhand. München 2004.

Blatt, Inge / Ramm, Gesa / Voss, Andreas: Modellierung und Messung der Textkompetenz im Rahmen einer Lernstandserhebung in Klasse 6 (2008). In: Didaktik Deutsch. Heft 26 / 2009, S. 54 – 81.

Bosma, H.A.: Identity in adolescence: Managin commitents. In: G.R. Adams / T.P. Gullotta / R. Montemayor (Eds.): Adolescence identity formation (pp. 91-121). Newbury Park, CA: Sage 1992.

Bräuer, Gerd: Schreibend lernen. Grundlagen einer theoretischen und praktischen Schreibpädagogik. Studien-Verlag. Innsbruck 1998.

Breuer, Ulrich / Sandberg, Beatrice (Hrsg.): Autobiographisches Schreiben in der deutschen Gegenwartsliteratur. Bd. 1: Grenzen der Identität und der Fiktionalität. Iudicium. München 2006.

Brinker, Klaus: Linguistische Textanalyse. Eine Einführung in Grundbegriffe und Methoden. In: Grundlagen der Germanistik. Band 29. Schmidt. Berlin 2005.

Brown, S.D. / Ryan Krane, N.E. / Brecheisen, J. / Castelino, P. / Budisin, M.M. / Edens, L.: Critical ingredients of career choice interventions: More analyses and new hypotheses. In: Journal of Vocational Behavior. 62 / 2003, S. 411 – 428.

Côte, J.E. / Levine, C.: A critical examination of the ego identity status paradigm. Developmental Review, 8 / 1988, S. 147 – 184.

Dahmen, Marina: Was heißt: Schreibkompetenz? In: Deutschunterricht. Heft 1 / 2007, S. 4 – 10.

Dahrendorf, Malte: Literarische Wirkung und Literaturdidaktik. In: Baumgärtner, Alfred Clemens (Hrsg.): Lesen. Ein Handbuch. Hamburg 1979, S. 313 – 354.

Dehn, Mechthild: Schreibkompetenz. In: Kliewer, Heinz-Jürgen / Pohl, Inge (Hrsg.): Lexikon Deutschdidaktik. Band 2. Schneider Hohengehren. Baltmannsweiler 2006, S. 661 – 662.

Deutsch. Lehrplan für die Regelschule und das Gymnasium. Thüringer Kultusministerium. Erfurt 1999.

Eigler, Gunther / Jechle, Thomas / Merzinger, Gabriele / Winter, Alexander: Wissen und Textproduzieren. Narr. Tübingen 1990.

Enders, Angela: Der Verlust von Schriftlichkeit. Erziehungswissenschaftliche und kulturtheoretische Dimensionen des Schriftspracherwerbs. LIT Verlag. Berlin 2007.

Erikson, E.H.: Identity. Youth and crisis. New York: Norton 1968.

Eroms, Hans-Werner: Stil und Stilistik. Eine Einführung. Schmidt. Berlin 2008.

Esterl, Ursula: Schreiben – (k)eine Kunst?! In: ide – Informationen zur Deutschdidaktik. Heft 1. Innsbruck 2007, S. 5 – 9.

Feilke, Helmuth / Ludwig, Otto: Autobiographisches Erzählen. In: Praxis Deutsch. Heft 152 / 1998, S. 15 – 25.

Fix, Martin: Textrevisionen in der Schule. Prozessorientierte Schreibdidaktik zwischen Instruktion und Selbststeuerung. Schneider Hohengehren. Baltmannsweiler 2000.

Fix, Martin: Kompetenzerwerb im Bereich „Texte schreiben". In: Rösch, Heidi (Hrsg.): Kompetenzen im Deutschunterricht: Beiträge zur Literatur-, Sprach- und Mediendidaktik. Lang. Frankfurt / M. 2005, S. 111 - 123.

Fix, Martin: Texte schreiben. UTB Schöningh. Paderborn 2006.

Fix, Ulla: Texte zwischen Musterbefolgen und Kreativität. In: Der Deutschunterricht. Heft 1 / 2005, S. 13 – 22.

Flusser, Vilem: Die Schrift. Hat Schreiben Zukunft? Fischer. Frankfurt/M. 1992.

Franz, Kurt / Lange, Günter u.a. (Hrsg.): Mein erstes Manuskript. 60 Kinder- und Jugendbuchautoren erzählen von ihren ersten Schreiberfahrungen. Schneider Verlag Hohengehren. Baltmannsweiler: 2001.

Frederking, Volker: Identitätsorientierter Umgang mit Literatur am Beispiel von Max Frischs ‚Andorra'. In: Blattmann, Ekkehard / Frederking, Volker (Hrsg.): Deutschunterricht konkret. Band 1: Literatur und Medien. Schneider Verlag Hohengehren. Baltmannsweiler 2000, S. 43 – 101.

Frederking, Volker: Identitätsorientierung, Medienintegration und ästhetische Bildung – eine theoriegeschichtliche Spurensuche. In: Jonas, Hartmut / Josting, Petra (Hrsg.): Medien – Deutschunterricht – Ästhetik. Kopaed. München 2004, S. 141 – 162.

Frederking, Volker: Identitätsorientierter Literaturunterricht. In: Frederking, Volker / Huneke, Hans-Werner u.a. (Hrsg.): Taschenbuch des Deutschunterrichts. Band 2: Literatur- und Mediendidaktik. Schneider Verlag Hohengehren. Baltmannsweiler 2010, S. 414 – 451.

Frentz, Hartmut / Frey, Ute / Sonntag, Edith: Schreiben und Schreibentwicklung. Konzepte und Methoden. Schneider Hohengehren. Baltmannsweiler 2005.

Frentz, Hartmut: Schriftlicher Sprachgebrauch. In: Kliewer, Heinz-Jürgen / Pohl, Inge (Hrsg.): Lexikon Deutschdidaktik. Band 2. Schneider Hohengehren. Baltmannsweiler 2006, S. 667 – 674.

Frentz, Hartmut: Erzählen aus der Fantasie. In: Kliewer, Heinz Jürgen / Pohl, Inge (Hrsg.): Lexikon Deutschdidaktik. Band 1. Schneider Hohengehren. Baltmannsweiler 2006, S. 132.

Fritzsche, Joachim: Zur Didaktik und Methodik des Deutschunterrichts. Bd. 2: Schriftliches Arbeiten. Klett. Stuttgart 1994.

Fuchs, Volker / Störl, Kerstin (Hrsg.): Stil ist überall – aber wie bekomme ich ihn zu fassen? Lang. Frankfurt / M. 2008.

Funke, Joachim: Psychologie der Kreativität. In: Holm-Hadulla, Rainer M. (Hrsg.): Kreativität. Springer. Berlin 2000.

Gessner, Elisabeth / Kuhley, Horst: Berufsorientiert lesen und schreiben. Förderung der Sprachkompetenz in der Sekundarstufe I. In: Deutschmagazin. Heft 3 / 2006, S. 27 – 34.

Glaser, Cornelia: Förderung der Schreibkompetenz bei Grundschülern: Effekte einer integrierten Vermittlung kognitiver Schreibstrategien und selbstregulatorischer Fähigkeiten. Diss. Universität Potsdam 2004.

Glaser, Cornelia / Brunstein, Joachim C.: Förderung von Fertigkeiten zur Überarbeitung narrativer Texte bei Schülern der 6. Klasse. Effekte von Revisionsstrategien und selbstregulatorischen Prozeduren. In: Zeitschrift für Pädagogische Psychologie. Heft 1 / 2007, S. 51 – 63.

Glaser, Cornelia / Brunstein, Joachim C.; Förderung selbstregulierten Schreibens. In: Schneider, Wolfgang / Hasselhorn, Marcus (Hrsg.): Handbuch der Pädagogischen Psychologie. Hogrefe. Göttingen – Bern – Wien u.a. 2008, S. 371 – 380.

Grabowski, Joachim: Schreiben als Systemregulation. Ansätze einer psychologischen Theorie der schriftlichen Sprachproduktion. In: Jakobs, Eva-Maria / Knorr, Dagmar / Molitor-Lübbert, Sylvie (Hrsg.): Wissenschaftliche Textproduktion mit und ohne Computer. Lang. Frankfurt / M. 1995, S. 11 – 34.

Graf, Werner: Lesegenese in Kindheit und Jugend. Schneider Verlag Hohengehren. Baltmannsweiler 2007.

Graham, Steve / Perin, Dolores: A Meta-Analysis of Writing Instruction for Adolescent Students. In: Journal of Educational Psychology. Vol.99, No.3, 2007, S. 445 - 476

Groeben, Norbert: Zur konzeptuellen Struktur des Konstrukts „Lesekompetenz". In: ders. / Hurrelmann, Bettina (Hrsg.): Lesekompetenz. Bedingungen, Dimensionen, Funktionen. Juventa. Weinheim 2002, S. 11 21.

Grotevant, H.D.: Towards a process of identity formation. Journal of Adolescent Research 2 / 1987, S. 203 – 222.

Habermas, Tilmann: Identitätsentwicklung im Jugendalter. In: Silbereisen, Rainer K. / Hasselhorn, Marcus (Hrsg.): Entwicklungspsychologie des Jugendalters. In: Enzyklopädie der Psychologie. Bd. C.V.5, 2008, S. 363 – 387.

Hayes, J.R. / Flower, L.S.: Identifying the organization of writing processes. In: Gregg, L.W. / Steinberg, E.R. (Eds.): Cognitive processes in writing. Lawrence Erlbaum. Hillsdale, NJ 1980, S. 3 – 30.

Heinemann, Wolfgang: Textdidaktik als angewandte Textlinguistik. In: Spiegel, Carmen / Vogt, Rüdiger (Hrsg.): Vom Nutzen der Textlinguistik für den Unterricht. Schneider Hohengehren. Baltmannsweiler 2006, S. 19 – 32.

Hinz, Arnold: Schreiben als Therapie? Psychische Funktionen des Schreibens, deren therapeutsche bewertung und Konsequenzen für den Unterricht. In: Belgrad, Jürgen / Melenk, Hartmut: Literarisches Verstehen – literarisches Schreiben. Schneider Verlag Hohengehren. Baltmannsweiler 1996, S. 99 – 113.

Holm-Hadulla, Rainer M.: Kreativität. Konzept und Lebensstil. Vandenhoeck & Ruprecht. Göttingen 2005.

Hopster, Norbert (Hrsg.): Handbuch Deutsch für Schule und Hochschule. Paderborn 1984.

Hurrelmann, Bettina: Prototypische Merkmale der Lesekompetenz. In: Groeben, Norbert / Hurrelmann, Bettina (Hg.): Lesekompetenz. Juventa. Weinheim 2002, S. 275 – 286.

Hurrelmann, Bettina: Modelle und Merkmale der Lesekompetenz. In: Bertschi-Kaufmann, Andrea (Hrsg.): Lesekompetenz – Leseleistung – Leseförderung. Kallmeyer/Klett. Seelze-Velber 2007, S.18 – 28.

Jung, Irene: Schreiben und Selbstreflexion. Eine literaturpsychologische Untersuchung literarischer Produktivität. Westdeutscher Verlag. Opladen 1989.

Kämper-van den Boogaart, Michael: Lässt sich normieren, was als literarische Bildung gelten soll? In: Rösch, Heidi (Hrsg.): Kompetenzen im Deutschunterricht. Lang. Frankfurt/M. 2005, S. 28 – 50.

Kaufmann, Jean-Claude: Die Erfindung des Ich. Eine Theorie der Identität. UVK Verlagsgesellschaft mbH. Konstanz 2005.

Kirchner, Constanze / Schiefer Ferrari, Markus / Spinner, Kaspar (Hrsg.): Ästhetische Bildung und Identität. Kopaed. München 2006.

Klemm, Michael: Ausgangspunkte: Jedem seinen Textbegriff? Textdefinitionen im Vergleich. In: Fix, Ulla / Adamzik, Kirsten / Antos, Gerd u.a. (Hrsg.): Brauchen wir einen neuen Textbegriff? Forum Angewandte Linguistik. Lang. Frankfurt/M. u.a. 2002 (a), S. 17 – 29.

Klemm, Michael: Wie hältst Du's mit dem Textbegriff? Pragmatische Antworten auf eine Gretchenfrage der (Text-)Linguistik. In: Fix, Ulla / Adamzik, Kirsten / Antos, Gerd u.a. (Hrsg.): Brauchen wir einen neuen Textbegriff? Forum Angewandte Linguistik. Lang. Frankfurt/M. u.a. 2002 (b), S. 143 – 161.

Kliewer, Heinz-Jürgen / Pohl, Inge (Hrsg.): Lexikon der Deutschdidaktik. 2 Bände. Schneider Hohengehren. Baltmannsweiler 2006.

Knaller, Susanne: Genealogie des ästhetischen Authentizitätsbegriffs. In: Knaller, Susanne / Müller, Harro (Hrsg.): Authentizität. Diskussion eines ästhetischen Begriffs. Fink. München 2006, S. 17 – 35.

Köster, Juliane: Von der Lebenswelt zur Literatur. In: Kammler, Clemens (Hrsg.): Literarische Kompetenzen – Standards im Literaturunterricht. Klett / Kallmeyer. Seelze 2006, S. 50 – 65.

Kracke, Bärbel: Berufsbezogene Entwicklungsregulation im Jugendalter. In: Wiese, Bettina S. (Hrsg.): Individuelle Steuerung beruflicher Entwicklung. Campus. Frankfurt / New York 2004, S. 35 – 60.

Kracke, Bärbel: Loslösung vom Elternhaus. In: Hasselhorn, Marcus / Schneider, Wolfgang (Hrsg.): Handbuch der Entwicklungspsychologie. Band 7. Hogrefe. Göttingen – Bern – Wien u.a. 2007, S. 501 – 510.

Kracke, Bärbel / Heckhausen, Jutta: Lebensziele und Bewältigung im Jugendalter. In: Silbereisen, Rainer K. / Hasselhorn, Marcus (Hrsg.): Entwicklungspsychologie des Jugendalters. In: Enzyklopädie der Psychologie. Bd. C.V.5, 2008, S. 497 – 533.

Kunze, Ingrid: Konzepte von Deutschunterricht. Eine Studie zu individuellen Theorien von Lehrerinnen und Lehrern. In: Studien zur Bildungsgangforschung. Bd. 1. VS Verlag für Sozialwissenschaften. Wiesbaden 2004.

Lockl, Kathrin / Schneider, Wolfgang: Entwicklung von Metakognition. In: Hasselhorn, Marcus / Schneider, Wolfgang (Hrsg.): Handbuch der Entwicklungspsychologie. Band 7. Hogrefe. Göttingen – Bern – Wien u.a. 2007, S. 255 – 265.

Luckner, Andreas: Wie man zu sich kommt – Versuch über Authentizität. In: Kuhl, Julius / Luckner, Andreas: Freies Selbstsein. Authentizität und Regression. Vandenhoeck & Ruprecht. Göttingen 2007, S. 9 – 48.

Ludwig, Otto: Integriertes und nicht-integriertes Schreiben. Zu einer Theorie des Schreibens: eine Skizze. In: Baurmann, Jürgen / Weingarten, Rüdiger (Hrsg.): Schreiben. Prozesse, Prozeduren und Produkte. Westdeutscher Verlag. Opladen 1995, S. 273 – 287.

Marcia, J.E.: Development and validation of ego-identity status. Journal of Personality and Social Psychology, 3 / 1966, S. 551 – 558.

Mattenklott, Gundel: Kulturen des Schreibens. In: ide – Informationen zur Deutschdidaktik. Heft 1. Innsbruck 2007, S. 10 – 17.

Maxlmoser. Wolfgang: Selbsterfahrung durch Schreiben. In: Spinner, Kaspar H. (Hrsg.): Imaginative und emotionale Lernprozesse im Deutschunterricht. Lang. Frankfurt / M. 1995, S. 155 – 168.

Merz-Grötsch, Jasmin: Schreiben als System. Band 1. Schreibforschung und Schreibdidaktik. Fillibach. Freiburg i.B. 2000.

Moschner, Barbara: Selbstregulation als Chance individuellen Lernens. In: Pädagogische Rundschau. Heft 5 / 2007, S. 583 – 598.

Ong, Walter J.: Oralität und Literalität. Die Technologisierung des Wortes. Westdeutscher Verlag. Opladen 1987

Ortner, Hanspeter: Schreiben und Denken. Niemeyer. Tübingen 2000.

Ossner, Jakob: Sprachdidaktik Deutsch. UTB Schöningh. Paderborn 2006 (a).

Ossner, Jakob: Kompetenzen und Kompetenzmodelle im Deutschunterricht. In: Didaktik Deutsch. Heft 21 / 2006 (b), S. 5 -19.

Ossner, Jakob: Acht Fragen aus der Sicht des Faches Deutsch zu Mindeststandards und Vorschläge für das Schreiben. In: Symposion Deutschdidaktik. Mitgliederbrief 22 / 2007, S. 10 - 13.

Paefgen, Elisabeth: Schreiben und Lesen. Westdeutscher Verlag. Opladen 1996.

Pette, Corinna & Charlton, Michael: Empirisches Beispiel: Differentielle Strategien des Romanlesens: Formen, Funktionen und Entstehungsbedingungen. In: Groeben, Norbert / Hurrelmann, Bettina (Hrsg.): Lesekompetenz. Juventa. Weinheim 2002, S. 195 – 213.

Pieper, Irene / Rosebrock, Cornelia / Wirthwein, Helge / Volz, Sabine: Lesesozialisation in schriftfernen Lebenswelten. Lektüre und Mediengebrauch von HauptschülerInnen. Juventa. Weinheim 2004.

Portmann-Tselikas, Paul R. / Schmölzer-Eibinger, Sabine: Textkompetenz. In: Fremdsprache Deutsch H. 39 / 2008, S. 5 – 16.

Posselt, Gerad: Figurativität, Performativität und die Kreativität des Zeichens. In: Abel, Günter (Hrsg.): Kreativität. XX. Deutscher Kongress für Philosophie. Univ.-Verlag TU Berlin 2005, S. 111 – 122.

Rau, Cornelia: Revisionen beim Schreiben. Zur Bedeutung von Veränderungen in Textproduktionsprozessen. Niemeyer. Tübingen 1994.

Reinhardt, Jan Dietrich: Identität, Kommunikation und Massenmedien. In: Albrecht, Clemens et al. (Hrsg.): Kultur, Geschichte, Theorie – Studien zur Kultursoziologie. Band 3. Ergon Verlag. Würzburg 2006.

Ripke, Gustav: Kreativität und Diagnostik. Lit Verlag. Münster 2005.

Roebers, Claudia M.: Entwicklung des Selbstkonzeptes. In: Hasselhorn, Marcus / Schneider, Wolfgang (Hrsg.): Handbuch der Entwicklungspsychologie. Band 7. Hogrefe. Göttingen – Bern – Wien u.a. 2007, S. 381 – 391.

Rösch, Heidi: Literatur und Identität. In: Rösch, Heidi (Hrsg.): Literarische Bildung im kompetenzorientierten Deutschunterricht. Fillibach Verlag. Freiburg 2010, S. 49 – 69.

Schiewe, Jürgen: Stilistik und Sprachkritik. In: Fuchs, Volker / Störl, Kerstin (Hrsg.): Stil ist überall – aber wie bekomme ich ihn zu fassen? Lang. Frankfurt / M. 2008, S. 11 – 20.

Schlich, Jutta: Literarische Authentizität. Prinzip und Geschichte. Niemeyer. Tübingen 2002.

Schmidt, Siegfried J.: Lernen, Wissen, Kompetenz, Kultur. Vorschläge zur Bestimmung von vier Unbekannten. Auer. Heidelberg 2005.

Schmölzer-Eibinger, Sabine: Ein 3-Phasen-Modell zur Förderung von Textkompetenz. In: Fremdsprache Deutsch H. 39 / 2008, S. 28 – 33.

Schön, Erich: Veränderungen der literarischen Rezeptionskompetenz Jugendlicher im aktuellen Medienverbund. In: Lange, Günter / Steffens, Wilhelm (Hrsg.): Moderne Formen des Erzählens in der Kinder- und Jugendliteratur der Gegenwart. Königshausen & Neumann. Würzburg 1995, S. 99 – 127.

Seidel, Tina / Shavelson, Richard J.: Teaching Effectiveness Research in the Past Decade: The Role of Theory and Research Design in Disentangling Meta-Analysis Results. In: Review of Educational Research. 77 / 2007, S. 454 – 499.

Sieber, Peter: Modelle des Schreibprozesses. In: Bredel, Ursula / Günther, Hartmut / Klotz, Peter u.a. (Hrsg.): Didaktik der deutschen Sprache. Band 1. UTB Schöningh. Paderborn 2003, S. 208 – 223.

Spinner, Kaspar: Identität und Deutschunterricht. Vandenhoeck & Ruprecht. Göttingen 1980.

Spinner, Kaspar: Vorwort. In: Kirchner, Constanze / Schiefer Ferrari, Markus / Spinner, Kaspar (Hrsg.): Ästhetische Bildung und Identität. Kopaed. München 2006, S. 9 – 10.

Urban, Klaus K.: Kreativität. Herausforderung für Schule, Wissenschaft und Gesellschaft. Lit Verlag. Münster 2004.

Weidacher, Georg: Multimodale Textkompetenz. In: Schmölzer-Eibinger, Sabine / Weidacher, Georg (Hrsg.): Textkompetenz. Eine Schlüsselkompetenz und ihre Vermittlung. Narr. Tübingen 2007, S. 39 – 55.

Weinert, Franz E.: Vergleichende Leistungsmessung in Schulen – eine umstrittene Selbstverständlichkeit. In: Weinert, Franz E. (Hrsg.): Leistungsmessungen in Schulen. Beltz. Weinheim u. Basel 2002, S. 17 – 31.

Werder, Lutz von / Schulte-Steinicke, Barbara (Hrsg.): Die deutsche Schreibkrise. Empirische Umfragen von 1994 – 2002. Schneider Hohengehren. Baltmannsweiler 2003.

Wermke, Jutta: ‚Hab a Talent, sei a Genie!'. Juventa. Weinheim 1989.

Wermke, Jutta: Kreativität. In: Kliewer, Heinz-Jürgen / Pohl, Inge (Hrsg.): Lexikon Deutschdidaktik. Band 1. Schneider Hohengehren. Baltmannsweiler 2006, S. 345 – 346.

Wiese, Bettina S.: Berufliche Ziele als entwicklungsregulative Herausforderung. In: Wiese, B.S. (Hrsg.): Individuelle Steuerung beruflicher Entwicklung. Campus. Frankfurt / New York 2004, S. 11 – 34.

Wilczek, Reinhard: Textmuster erkennen und verwenden. In: Deutschunterricht. Heft 3 / 2008, S. 4 – 9.

Winkler, Iris: Poetisches Verstehen intermedial. Zum literaturdidaktischen Potential von Videoclips. In: Winkler, Iris / Masanek, Nicole / Abraham, Ulf (Hrsg.): Poetisches Verstehen. Literaturdidaktische Positionen – empirische Forschung – Projekte aus dem Deutschunterricht. Schneider Verlag Hohengehren. Baltmannsweiler 2010, S. 68 – 81.

Winter, Claudia: Traditioneller Aufsatzunterricht und kreatives Schreiben. Eine empirische Vergleichsstudie. In: Augsburger Studien zur Deutschdidaktik. Band 1. Wißner Augsburg 1998.

Wucherpfennig, Wolf: Autobiographie und Identitätsarbeit. In: Breuer, Ulrich / Sandberg, Beatrice (Hrsg.): Grenzen der Identität und der Fiktionalität. In: Autobiographisches Schreiben in der deutschen Gegenwartsliteratur. Band 1. iudicium. München 2006, S.172 – 185.

Wünsche, Marie-Luise / Stenz, Barabara: Phantastische Kinder- und Jugendmedien als Katalysatoren poetischen Verstehens? In: Winkler, Iris / Masanek, Nicole / Abraham, Ulf (Hrsg.): Poetisches Verstehen. Literaturdidaktische Positionen – empirische Forschung – Projekte aus dem Deutschunterricht. Schneider Verlag Hohengehren. Baltmannsweiler 2010, S. 186 – 201.

Zeitlinger, Edith: Kompetenzorientierung, Kompetenzaufbau und Nachhaltigkeit. Die Bedeutung von Bildungsstandards für den Deutschunterricht. In: informationen zur deutschdidaktik (ide) H.3 / 2009, S. 51 – 62.